너는 누구냐?

사무엘하 강해1

너는 누구냐?

2014년 4월 5일 초판 1쇄 발행
지은이 서임중
발행처 도서출판 선교횃불
등록일 1999년 9월 21일 제54호
등록주소 서울시 송파구 백제고분로 27길 12(삼전동)
전 화 (02) 2203-2739
팩 스 (02) 2203-2738
이메일 ccm2you@gmail.com
홈페이지 www.ccm2u.com

너는 누구냐?

사무엘하 강해1

서임중 지음

신교횃불

머리말

목사가 되기 위하여 신학 수업을 하면서 시골 교회를 시무할 때 하루도 빠뜨리지 않고 "나는 한국 교회를 위하여 세례요한처럼, 세계복음을 위하여 사도 바울같이 사역하리라."고 기도했다.

보편적으로 세례요한 하면 바른말이나 하는 사람으로 이해하지만 세례요한의 참 모습은 거기에 머물러 있지 않음을 우리는 잘 알고 있다. 세례요한의 진면목은 세 가지, 첫째는 자기 자신을 잘 아는 자, 둘째는 자기가 무엇을 해야 할지 그것을 알고 성실함으로 수행하는 자, 셋째는 어려울 때 올바른 결단을 내리는 자로 성경은 소개하고 있다. 사도 바울은 세상의 모든 것들을 주님 한분과 바꾸었고 사나 죽으나 주님만을 위하여 사역한 위대한 복음전도의 사명자였다.

거기서 진정한 질서 개념이 정립되는데 곧 위치 질서(位置秩序) 역할질서(役割秩序) 관계질서(關係秩序)로서 나는 이 질서있는 삶의 내용과 관계에서 바람직한 인간상, 목회 철학을 정립했고 이 삶을 위하여 일생을 목양 사역에 헌신하고자 했던 것이다.

그러기 위하여 분명한 자화상이 필요했고 자화상을 통하여 미래를 앞당겨 바라보는 영안을 열고 오늘의 고난과 아픔도 극복할 수 있었던 것이다. 어떤 자화상을 갖느냐는 어떤 행동을 하느냐로 발전되고 어떤 행동을 하느냐는 어떤 삶을 만드느냐로 이어지는 것이다.

역사의 성공자들의 공통된 자화상이 몇 가지가 있다.

첫째는 "나는 할 수 있다"는 자화상이다.

예수님은 부정적 사고에 길들여진 당시의 사람들에게 "할 수 있거든이 무슨 말이냐 믿는 자에게는 능치 못할 일이 없다"고 가르치셨고 이 가르침을 바울은 자기 자화상으로 그림을 그렸는데 "내게 능력 주시는 자 안에서 내가 모든 것을 할 수 있다"고 고백을 하였던 것이다.

나이 서른이 넘어 대학 공부를 시작했을 때 모든 사람들이 나에게 희망을 갖지 않았지만 나는 "할 수 있다"는 자화상으로 수석 졸업의 영광을 하나님께 돌릴 수 있었고, 학문에 대한 자화상은 하루 4시간 잠을 자면서 공부를 할 수 있는 정신력을 길렀으며 고난받는 이웃의 삶을 위한 자화상은 '너의 유익을 위한 행동하는 나의 삶'을 실천할 수 있게 했던 것이며, 시시각각으로 밀려오는 나 자신을 허물어지게 하는 상황에서는 절차탁마(切磋琢磨)의 삶을 통하여 나 자신을 다듬어 오늘에 이르렀다. 그리고 초지일관 그 정신과 마음자리는 변함이 없다.

둘째는 “나는 해야 한다”는 자화상이다.

김우중씨가 쓴 ‘세상은 넓고 할 일은 많다’는 책은 젊은이로 하여금 주먹을 불끈 쥐게 했다. “할 수 있다”는 자화상은 “해야 한다”는 자화상을 가지게 한다. 에디슨, 에이브라함 링컨, 헬렌 켈러, 처칠, 안중근 등 위대한 역사의 인물들의 공통점은 “해야 한다”는 자화상을 실천함으로 역사의 주인공이 되었다.

마가복음 2장의 중풍 병자 친구를 예수님에게 메고 와서 지붕을 뚫고 예수님 앞에 내려놓음으로 치료받게 된 사건은 해야 한다는 자화상을 가진 네 친구 때문에 중풍 병자는 살아날 수 있었던 것이다.

마흔살에 목사 안수를 받던 날 나는 내 얼굴 앞에 눈물을 쏟았다. 10여년 늦어 목사가 되었으니 그만큼 더 사역을 해야 한다는 사명감이 내 마음을 흥분하게 했다. 그리고 두 가지를 서원하면서 자화상을 그렸다.

하나는 주님의 나귀가 되겠다고 서원을 했고 또 하나는 목사라는 악기를 받았으니 명연주자가 되리라고 서원을 했다. 그리고 오직 그것만이 나의 사명이라 생각하고 교회를 목양하며 세계를 향해 복음의 나팔을 들고 주님의 나귀로 오늘에 이르렀다.

셋째는 “나는 함께 한다”는 자화상이다.

문제는 누구와 함께 하느냐 이다. 사기꾼과 함께 하면 사기꾼이 된다. 불평자와 함께 하면 불평자가 된다. 그래서 바울은 "내게 능력 주시는 자 안에서 내가 모든 것을 할 수 있다"는 고백을 하였는데 그것은 언제나 바울은 "나는 주님과 함께한다"는 자화상 때문이었다. 역사는 꿈꾸는 자의 몫이다. 어떤 꿈을 가지느냐는 매우 중요한 것이다. 요셉이 꿈을 꾼 후 그 꿈에 대한 자화상을 가지고 13년의 고난의 세월을 보냈지만 하나님이 함께 하신다는 자화상으로 요셉은 자화상대로 되었다. 다윗이 그랬고 믿음의 선진들이 그랬다.

나의 꿈은 신언전달자(神言傳達者)로서의 삶이다. 하나님은 이 사명을 수행하도록 특별한 은혜를 베푸셨다. 그래서 지금도 매주 부흥사경회와 세니마 강사로 헌신을 하고 있다. 종종 지인들이 교단을 위하여 봉사할 기회를 이야기하면서 권고를 하기도 하지만 나의 자화상은 단 한 번도 그것을 생각해 본 적이 없다. 오직 말씀전도 사역일 뿐이다. 누구나 각양의 은사가 있고 달란트를 통해 헌신하는 것, 그러기에 나는 나의 자화상을 날마다 다듬으면서 오늘도 방방곡곡 세계를 향해 복음의 연주를 한다. 그리고 명연주자가 되기 위하여 몸부림을 한다.

그래서 건강치 못한 몸으로 일년내내 부흥사경회를 인도하고 있다. 그러나 교회를 담임하면서 말씀전도 사역은 어려움이 많다. 올해도 내년에도 매주 부흥사경회 약속을 수행해야 하는데 그러자니 목회라는 책무수행에 있어서 정직히 말하면 최선이 어렵고 교회에 미안한 마음이 채워진다. 그래서 나는 조기은퇴를 선언했고 오직 그 말씀전도 사역의 자화상을 이루기 위하여 기도한다. 주님은 그렇게 이루어 주시리라는 믿음이 나에게 있다. 그것이 나에게는 무릎 꿇고 엎드려 목사로 안수를 받을 때 쏟은 눈물과 서원의 자화상이 성취되는 것이기 때문이다. 그리고 주님 앞에 설 때 바울 사도의 디모데후서 4:7~8절을 나의 고백으로 선언하고 싶다.

서른 다섯 해 성역(聖役)과 포항중앙교회에서의 스무 해 사역을 이제 내려놓으면서 언제나 함께 동행하고 동역해 온 모든 분들께 엎드려 감사를 드린다. 그리고 기도한다. "주님 앞에 서는 그 날까지 주여 여전히 함께하여 주옵소서." 아멘

목회를 마무리하는 2014년 봄에
포항중앙교회 목양실에서
서임중 목사

차 례

1

너는 누구냐?

"내게 이르되
너는 누구냐 하시기로
내가 그에게 대답하되
나는 아말렉 사람이니이다 한즉
〈사무엘하 1:1~16중〉."

1. 너는 누구냐?

요즈음 현대인들의 관심의 중심에 있는 것 중의 하나가 "아로마테라피(aromatherapy)"라는 것입니다. 이것은 방향요법(芳香療法)의 하나로 식물의 방향(芳香)이나 정유(精油)를 이용한 스트레스 해소법의 일종입니다. 또한 주로 얼굴에 사용되는 피부 미용법 중의 하나이기도 합니다.

'아로마'라는 뜻은 좋은 향기입니다. 그리고 '테라피'는 치료라는 뜻입니다. 그래서 이 두합성어 '아로마테라피'라는 것은 향기를 통해서 마음을 건강하게 하고, 나아가 피로회복과 여러 질병 치료에 도움을 주는 일종의 대체의학의 한 요법을 말하는 것입니다.

고린도후서 2:15절에는 이 세상의 그 어떤 향기보다 귀한 향기에 대하여 소개하고 있습니다.

"우리는 구원 받는 자들에게나

망하는 자들에게나
하나님 앞에서 그리스도의 향기니"

바로 그 향기, 그것은 그리스도의 향기입니다. 이 향기는 세상의 그 어떤 향기보다 마음을 평안하게 합니다. 정신을 온전해지게 합니다. 영육 간에 치료를 불러옵니다. 어떤 방향요법도 이 보다 좋을 수는 없습니다. 이 위대한 향기가 바로 믿음의 사람들 그리스도인, '우리' 입니다.

오늘도 우리 모두가 그리스도의 향기를 풍기는 복 받은 성도의 삶을 살아가시기를 예수님의 이름으로 축복합니다.

저희 교회도 외국인 선교부가 있습니다. 이 부서에는 매주일 100여명의 외국인 형제자매들이 함께 모여 예배를 드립니다. 참으로 감사하고 또 좋은 일입니다.

그런데 이들 가운데는 사실혼에 있지만 결혼식을 올리지 못한 12가정이 있었습니다. 그런 형제자매들을 보면서 늘 안타까운 마음이었습니다. 그러다가 우리 교회당회는 한 결정을 했습니다. 우리가 주관하여 이들을 거룩하고 아름다운 결혼식을 올려주자는 것이었습니다.

이들 커플은 대부분이 한국 총각과 외국 처녀들입니다. 우리 교회는 이 결정을 한 후 12가정의 부부를 선남선녀로 단장을 시켰습니다. 신부 화장을 마치고 나선 신부들은 참으로 아름다웠습니다. 그 마음 씀씀이들은 또 얼마나 착한지 바라보는 것만으로도 절로 미소가 지어졌습니다. 이렇게 결혼예식을 치른 12쌍의 부부는 행복한 가정을 위한 또 다른 새 출발을 했습니다.

이런 외국인 한국 며느리들이 우리나라에서 가장 갖고 싶어 하는 것이 있습니다. 그것은 좋은 집이 아닙니다. 좋은 차도 아닙니다. 그들의 가장 큰 소망은 단지 대한민국 국민으로 인정되는 것이었습니다. 그리고 그에 따른 이 나라 국민증인 주민등록증, 그것을 갖는 것이었습니다. 우리에겐 자연 취득인 것이 그들에겐 가장 갖고 싶은 소망이었습니다. 이러한 사연은 이미 언론에도 보도가 된 일입니다.

한국인 신랑과 결혼을 한 베트남인 신부는 말했습니다.

"제가 베트남 사람인지, 한국 사람인지 헷갈립니다."

이해가 가는 말입니다.

순간의 실수로 교도소에 들어가게 된 집사님이 있었습니다. 그에게 심방을 가서 이렇게 질문을 했습니다.

"집사님은 누구십니까?"

그랬더니 이 분의 대답이 걸작입니다.

"글쎄요? 참 헷갈리네요."

그는 모 장로님의 둘째 아들입니다. 그리고 한 여인의 남편이며 세 아이의 아버지입니다. 또한 한 회사의 사장이자 성도로 교회의 집사입니다. 그런 그가 지금은 수의를 입은 죄수의 몸입니다. 이렇게 여러 가지 신분에 있으니 자신도 선뜻 자신을 누구라고 답변을 못하고 망설였던 것입니다.

그러나 저의 교도소 심방의 핵심 메시지는 분명하고도 단호했습니다.

"누가 뭐래도 집사님은 하나님의 아들입니다. 예수 그리스도의 향기입니다. 하나님의 아들의 모습을 회복하시기 바랍니다. 그리스도의 향기를 발하시기 바랍니다."

물론 그 집사님은 교도소 안에서 모범적인 수감생활을 하였습니다. 뿐만 아니라 출소 후인 지금은 아름다운 신앙생활을 해 나가고 있습니다.

오늘 저는 여러분께 질문을 드립니다.

"너는 누구냐?"

이 질문은 성경 곳곳에서 발견되는 질문입니다. 그리고 이번 본문 내용이 주는 메시지가 바로 이것입니다.

어느 날 다윗에게 사울이 죽었다는 소식이 왔습니다. 그 소식을 가지고 온 사람은 아말렉 청년이었습니다. 다윗에게 사울의 죽은 상황을 설명하는 아말렉 청년과 다윗의 대화를 주의해서 보겠습니다.

"너는 어디서 왔느냐?(3절)"

"네가 어떻게 아느냐?(5절)"

"너는 누구냐?(8절)"

"너는 어디 사람이냐?(13절)"

여러 말로 질문한 이 물음의 내용은 하나입니다. 바로 '너라는 존재가 누구냐?' 라는 것입니다.

"너는 누구냐?"

이 질문은 사무엘하 전장에 흐르는 메시지이기도 합니다. 또한 오늘을 살아가는 우리로 하여금 자기성찰을 하게 하는 메시지입니다.

이 질문을 지금 이 순간 우리 개개인에게 하시는 주님의 질문으로 받으시기 바랍니다. 그리고 각자 답변을 하시기 바랍니다.

사울이 죽었다는 소식은 다윗과 함께 하는 사람들에게는 더 없이 기쁜 소식이었습니다. 왜냐하면 그들을 극심하게 괴롭히는 원흉이 사라졌기 때문입니다. 그러므로 이제는 다윗이 평안하게 왕위에 등극할 수 있게 된 것입니다. 그야말로 지리멸렬하던 긴장마가 그치고 맑은 하늘이 열리는 것 같은 상황이 왔습니다.

그런데 이게 웬 일입니까? 다윗의 마음은 전혀 그렇지 못한 것 같습니다. 자기를 죽이려고 10년 동안이나 끊임없이 쫓아다니며 괴롭히던 추격자 사울이 죽었습니다. 그런데 그는 기뻐하기는커녕 오히려 슬퍼하는 것 같으니 말씀입니다.

뿐만 아니라 이 상황을 처리하는 그의 모습이 참으로 놀랍습니다. 왜냐하면 그의 하나님 앞에서의 믿음이 어떠한가를 분명히 보여주는 모습이기 때문에 그렇습니다.

그는 모든 일을 하나님의 관점에서 보았습니다. 그리고 하나님의 마음으로 처리했습니다. 이와 같은 다윗의 모습을 통하여 오늘을 살고 있는 우리 자신의 존재 의미를 재발견할 수 있기를 원합니다.

"나는 누구인가?"

실존주의 철학자들, 곧 '키에르케고르', '칼 야스퍼스', '알베르트 까뮈', 같은 대표적인 철학자들은 인간 존재의 의미를 〈죄의 절망과 허무와 무의미, 그리고 죽음에 이르게 되는 절망적인 존재라는 것〉이라고들 답을 했습니다.

성경의 위대한 인물 솔로몬도 전도서 1:2~3절을 통해 동일한 표현을 했습니다.

"전도자가 이르되
헛되고 헛되며 헛되고 헛되니
모든 것이 헛되도다.
해 아래에서 수고하는 모든 수고가
사람에게 무엇이 유익한가"

한마디로 함축된 인간의 실존을 표현한 말입니다. 맞습니다. 이럴 수밖에 없는 이유가 첫 번째 아담의 범죄로 인한 결과 때문입니다. 거기로부터 인간의 생로병사(生老病死)가 시작 되었습니다.

그렇다면 오늘 저와 여러분도 과연 이와 같은 존재로 살아가고 있는 것일까요? 아닙니다. 결단코 그렇지 않습니다. 예수님께서 우리를 절망의 존재, 죽음의 존재에서 희망의 존재, 생명과 부활의 존재로 살아가게 하시려고 이 세상에 오셨습니다. 그것이 바로 incarnation(聖肉身)입니다. 하나님은 예수 그리스도를 통하여 우리에게 은혜의 생명언약을 주셨습니다. 그 증거가 이것입니다.

"하나님이 세상을 이처럼 사랑하사
독생자를 주셨으니
이는 그를 믿는 자마다 멸망하지 않고
영생을 얻게 하려 하심이라(요3:16)."

"다른 이로써는 구원을 받을 수 없나니
천하사람 중에 구원을 받을 만한 다른 이름을
우리에게 주신 일이 없음이라(행4:12)."

"이르되 주 예수를 믿으라 그리하면
너와 네 집이 구원을 받으리라(행16:31)."

우리는 예수님을 하나님의 아들로, 나의 구주로 믿는 사람들입니다. 더 이상 어제의 절망과 좌절, 그리고 죽음에 속한 사람이 아닙니다. 예수 그리스도 안에서 새사람이 되어 희망과 기쁨, 감사와 생명의 부활을 가진 사람들입니다. 할렐루야!

그렇다면 오늘 지금 여기에 있는 '나'는 누구일까요? 로마서 3장 24절에서는 우리 존재가 누구인가를 정확하게 말해주고 있습니다.

"그리스도 예수 안에 있는 속량으로 말미암아
하나님의 은혜로
값없이 의롭다 하심을 얻은 자 되었느니라."
아멘!

이 사실을 하나님은 바울을 통하여 에베소서 5:8~9절에서 확증하셨습니다. 또한 그런 우리가 어떻게 살아야 할 것인가도 분명하게 말씀하셨습니다.

"너희가 전에는 어둠이더니
이제는 주 안에서 빛이라
빛의 자녀들처럼 행하라.
빛의 열매는 모든 착함과
의로움과 진실함에 있느니라." 아멘!

그러므로 우리는 이 사실을 믿으며 사는 사람들입니다. 성경은 한결같이 말씀하십니다.

"네 믿음대로 될지어다."

믿고 안 믿고는 지금 이 말씀을 듣고, 글을 읽고 있는 당신의 몫입니다. 믿으면 빛의 자녀로 생명의 부활을 누립니다. 그러나 믿지 않으면 항상 불안과 절망, 좌절 그리고 죽음의 그림자에서 벗어날 수 없습니다. 참 소망이 없는 어제의 사람 그대로 살아가는 것입니다. 당신은 어떤 상황 속에서 사시겠습니까?

본문으로 돌아가 믿음의 사람 다윗의 처신을 보겠습니다. 그는 모든 것을 '하나님의 관점'에서 보고 행했습니다.

'하나님의 관점'이 무엇일까요? 그것은 두 가지로 정리할 수 있습니다.

하나님의 속성은 '사랑'과 '공의'입니다. 놀랍게도 이 본문에 이 두 가지 속성이 선명하게 그려져 있습니다.

1. 하나님의 관점에서 본 다윗의 사랑

다윗은 자신을 쫓는 사울을 죽일 수 있는 절호의 기회를 엔게디 동굴에서 만났습니다. 그러나 다윗은 그 상황에서도 하나님의 관점에서 보고 행동했습니다. 비록 사울이 자신의 적이지만 하나님의 기름부음을 받은 사람입니다. 그런 그를 자신의 손으로 죽일 수는 없었습니다. 그래서 가만히 사울의 겉옷 자락만 베고 동굴을 나와서 다시 사울로부터 도망을 갑니다.

아들 압살롬의 모반을 피해 도망을 하게 되었을 때가 있었습니다. 그런 다윗을 시므이가 따라오면서 저주를 퍼부었습니다. 그 때 단칼에 그를 쳐 죽일 수 있는 다윗이었습니다. 곁에 있던 충복 아비새가 끓어오르는 분을 참지 못하고 죽이게 해 달라고 간청합니다. 그러나 다윗은 그 상황 또한 하나님의 관점에서 보았습니다. 그랬기 때문에 그는 그 저주조차도 담담히 받아들이고 가던 길을 갔습니다.

이 다윗이 오랜 세월을 자기를 숙적으로 간주하고 죽이려고 쫓아다니던 사울이 죽었다는 소식을 듣습니다. 어언 10여년입니다. 희보일 법도 한 이 소식을 듣는 다윗의 모습은 참으로 의외입니다. 그가 보여준 모습은 기뻐하는 사람의 것이 아니었습니다. 오히려 전혀 반대의 모습을 보였습니다. 진심으로, 진심으로 사울의 죽음을 슬퍼했습니다.

진정 우리를 놀라게 하는 다윗이 아닐 수 없습니다. 평범한 범인으로서는 감히 생각조차도 할 수 없는 모습입니다.

어떻게 이런 상황이 가능했을까요?

답은 하나입니다. 사람인 다윗의 관점에서는 절대 불가능한 일일지도 모릅니다. 그러나 그의 심장에는 오로지 살아계신 하나님 한 분의 관점이 자리하고 있었습니다. 그런 그였기에 이와 같은 의외의 모습이 가능했던 것입니다.

다윗의 관점으로는 반드시 사울을 쳐 죽여야 했습니다. 그러나 하나님의 관점으로는 끝없이 용서하고 또 사랑해야만 했습니다. 하나님 앞에서 절대 믿음, 절대 순종의 사람 다윗이었습니다.

많은 분들이 저의 목회상황을 지켜보면서 심심찮게 하시는 말씀들이 있습니다.

"목사님은 쓸개도 없습니까? 어떻게 그런 일을 아무렇지도 않게 담담히 넘길 수 있습니까?"

저의 대답은 오직 하나 뿐입니다. 제 자신의 성격과 인품으로는 용서 못할 일이 한 두 가지가 아닙니다. 그러나 목회 30년을 엮어 오는 동안 어떤 일을 만나든지 변함없이 하나님의 관점에서 보고 처신했습니다. 이해하면서 관용하고, 또 용서하며 사랑할 수 있었던 것은 오직 하나님의 관점을 잃지 않았기 때문에 가능했던 것입니다.

그 내용을 일일이 열거하지는 않을 것입니다. 설명하지도 않을 것입니다. 이미 아는 분은 다 아시기 때문입니다.

다윗은 사람이 아닙니까?

사람입니다. 저 또한 사람입니다. 사람인 다윗이 할 수 있다면 사람인 저 또한 할 수 있는 것 아닐까요? 지금 이 말씀 앞에 있는 당신도 믿음의 사람입니까? 그렇다면 결코 불가능하지 않습니다.

다윗의 이와 같은 모습은 신앙 안에서 해석이 가능해집니다. 윤리적으로나 도의적인 어떤 기준으로 해석될 수 있는 상황이 아닙니다. 하나님을 경외하는 사람이라면 반드시 그렇게 살아야 한다는 것이 다윗의 신앙이며 삶이었습니다.

다윗은 자신의 입장을 앞세우기 보다는 언제나 이스라엘 공동체를 우선했습니다. 이는 참으로 중요한 신앙인의 덕목입니다.

믿음 생활에 있어서의 자신은 사사로운 일개인(一個人)이 아닙니다. 우리 각자는 이것을 깨달아야 합니다. 무엇보다 항상 주님의 교회가 우선이 되어야 합니다.

목사 하나가 넘어지는 것도 목사 개인의 일이 아닙니다. 장로 하나가 실수하는 것도 장로 한 사람의 문제가 아닙니다. 한 사람의 실수와 오류로 주님의 교회가 넘어지고 주님의 교회가 문제가 됩니다. 그렇기 때문에 모든 것을 하나님의 관점에서 생각하고 처신해야 합니다. 이것이 신앙인으로서 마땅히 가장 우위에 두어야 할 기준입니다.

사랑은 용서를 수반합니다.
용서는 인내를 동반합니다.
인내는 관용을 수반합니다.
관용은 이해를 수반합니다.

『설원(說苑)』이라는 이야기책에 '절영지회(絕纓之會)' 라는 말이 나옵니다. 이는 갓끈을 끊고 노는 잔치라는 뜻입니다.

옛날 초나라 장왕이 여러 장수들과 잔치를 벌여서 놀고 있었습니다. 흥겹게 잔치판이 어우러질 무렵 갑자기 바람이 불었습니다. 그러자 일시에 방안의 촛불이 꺼졌습니다. 그 틈을 타서 장웅(蔣雄)이라는 장수가 왕이 사랑하는 여인의 입술을 범했습니다.

그러자 그녀는 어둠 속에서 갓끈을 끊어 쥐고 가만히 왕께 그 일을 알렸습니다. 불만 켜면 갓끈이 끊긴 자가 바로 왕의 애희(愛姬)를 희롱한 자라는 게 드러나게 되었습니다.

그러나 이야기를 전해들은 왕은 오히려 수종드는 자들에게 불을 켜지 못하게 합니다. 그리고 큰소리로 모두에게 갓끈을 떼어 던지도록 하였습니다. 장수들은 영문도 모르고 왕의 명령대로 모두 갓끈을 뜯어서 내던졌습니다. 그 때서야 불을 밝히도록 왕은 명령했습니다. 그 자리에 모인 모든 장수의 갓끈이 뜯겼으니 누가 감히 왕의 애희에게 그런 무엄한 짓을 했는지 알 길이 없는 것은 자명한 일이었습니다.

그 일이 있은 뒤 2년이 지났을 때 초(楚)나라가 진(晉)나라로 쳐들어왔습니다. 초(楚)나라는 진(晉)의 공격을 받아 매우 위급한 처지에 놓였습니다. 이런 때에 용감히 적군을 물리치고 왕을 위기에서 구한 사람이 있었습니다. 그는 다름 아닌 신하 장웅(蔣雄)이었습니다. 그는 2년 전 장왕의 관용에 감동되어 어느 때든지 그 은혜를 갚을 때가 오기를 기다렸습니다. 그렇게 군사를 맹훈련시키며 때를 기다린 결과 이 전쟁에서 생명을 걸고 승리를 하여 은혜를 갚은 것입니다.

요한복음 8장에는 간음하다 현장에서 붙잡힌 여인의 이야기가 있습니다. 사람들은 여인을 무자비하게 끌고 왔습니다. 그리고 그들 가운데 세우고 돌로 쳐 죽이는 것이 법이라고 소리쳤습니다. 예수님은 그들에게 "죄 없는 자가 먼저 돌로 치라"고 하셨습니다. 그 말씀 앞에 모든 사람이 손에 들었던 돌을 내려놓고 하나씩 둘씩 모두 자리를 떠났습니다. 예수님은 성난 군중으로부터 여인을 살려내셨습니다.

이와 같은 예수님의 처신이 무엇을 말씀하시는지 깨닫는 것이 신앙인의 지혜입니다. 그리고 그 깨달음대로 사는 것이 그리스도인의 순종의 삶입니다.

정직하게 가만히 들여다보면 자신의 허물은 대들보와도 같습니다. 그럼에도 자신의 것을 다스리기 보다는 타인의 티 같은 허물을 잡고 늘어지는 오늘의 그리스도인들이 너무도 많습니다.

그런 모습을 보시는 주님의 마음이 어떠실까요? 기쁘실까요?

그렇지 않습니다. 이러한 주님의 마음을 아는 것은 중요합니다. 그러나 순종하는 것이 더욱 중요합니다.

자신의 모습을 말씀에 비추어 정직하게 보고 있는가? 내가 행하려는 이 모습을 주님께서 기뻐하시겠는가?

이 두 가지 질문을 해 보면 주님의 마음을 품은 다윗의 넉넉한 처신을 금방 이해할 수 있을 것입니다. 우리의 관점이 이해타산을 뛰어넘고 상황과 시간을 뛰어넘을 때, 그 때 모든 것을 하나님의 관점에서 보고 행할 수 있습니다.

2. 하나님의 관점은 공의입니다.

다윗의 관용과 용서, 그리고 베푸는 사랑이 언제나 무조건적인 것만은 아닙니다. 그것을 이번 본문에서도 확연히 볼 수 있습니다.

사울이 죽었다는 소식을 갖고 달려온 아말렉 청년은 어쩌면 내심 상급을 바랐을 지도 모릅니다. 왜냐하면 그것이 다윗에게 있어서는 더 없이 좋은 소식일 수 있었기 때문입니다. 그렇지만 다윗은 보통 사람들의 생각과는 전혀 다른 반응을 하고 있는 것을 볼 수 있습니다. 그것이 14절입니다. 함께 보도록 하겠습니다.

"다윗이 그에게 이르되
네가 어찌하여 손을 들어
여호와의 기름 부음 받은 자 죽이기를
두려워하지 아니하였느냐"

다윗은 호통을 치고 있습니다. 그리고 15절에서 단호한 모습으로 그 청년을 죽입니다. 더 놀라운 것은 16절 말씀입니다.

"다윗이 그에게 이르기를
네 피가 네 머리로 돌아갈지어다
네 입이 네게 대하여 증언하기를
내가 여호와의 기름 부음 받은 자를 죽였노라
함이니라 하였더라."

감히 하나님께서 세우신 하나님의 종을 존중하지 않고 죽였다는 것입니다. 그러므로 그것이 아말렉 청년 네가 죽을 이유라는 것입니다.

지난 세월 다윗이 사울을 죽일 기회가 없어서 그를 죽이지 않은 것이 아닙니다. 하나님께서 기름 부으신 자이기 때문에 항상 하나님의 사랑과 공의의 관점에서 생각했습니다. 그런 관점으로 보았으며 행동했습니다.

이렇듯 겸손한 마음으로 하나님의 사람들을 존중한 다윗이었습니다. 이런 그의 모습에서 풍기는 것이 바로 '그리스도의 향기' 였습니다.

그렇습니다. 사람을 존귀히 여기지 않는 사람은 하나님 또한 존귀히 여기지 않습니다. 사무엘하 강해를 시작하면서 제시하는 첫 메시지입니다.

"너는 누구냐?"

하나님의 자녀입니다. 그러므로 우리는 하나님의 관점으로 오늘을 살아가는 자가 되어야 합니다.

어떻게 사는 것이 하나님의 관점으로 사는 것이냐고 물으시겠습니까?

답변을 드리겠습니다. 하나님의 관점은 사랑과 공의를 실천하며 사는 것입니다. 그리할 때 우리의 삶의 자리는 더욱 풍요로워집니다. 더욱 화평합니다. 그런 당신의 삶, 나의 삶을 통해서 하나님은 영광을 받으십니다.

하나님께서 사랑하시는 성도 여러분, 우리 모두 하나님의 관점으로 살아 내가 누구인가에 대한 답을 행동으로 보여주며 순종의 삶을 사시기를 바랍니다. 그렇게 모두가 복된 그리스도의 향기들이 되시기를 예수님의 이름으로 축복합니다. 아멘!

2

지고한 사랑

"사울과 요나단이
생전에 사랑스럽고 아름다운 자러니
죽을 때에도 서로 떠나지 아니하였도다
저희는 독수리보다 빠르고
사자보다 강하였도다
〈사무엘하 1:17~27 중〉."

2. 지고한 사랑

골프를 하는 사람들에게 회자(膾炙)되는 농담 같은 진담이 있습니다. "너의 불행이 나의 행복이다"라는 말입니다. 경기 중에 상대방이 오비를 냈거나 샷이나 퍼팅에 실수를 하면 그만큼 내게는 좋다는 것에서 비롯된 말입니다. 물론 원론적인 말이지만 경기는 정정당당해야 합니다. 그렇게 겨뤄 이기는 승자가 진정한 경기의 기쁨과 만족을 느낄 수 있습니다. 그럼에도 불구하고 솔직하게 말하면 상대방이 실수를 하여 내가 이기게 되어도 기분이 나쁜 것은 아닙니다. 그래서 "너의 불행이 나의 행복"이라는 말을 농담조로 하는 것입니다.

이런 경우가 비단 골프에서만 통용되는 것은 아닙니다. 정치에 있어서도 그렇고 또 일상생활에 있어서도 크게 다르지 않습니다. 이런 것이 소위 사회생활의 한 단면입니다.

그러나 진정한 스포츠맨은 이런 상황을 통해서 진정한 승리의 기쁨을 누리지는 않습니다. 너의 불행이 나의 행복이 아니라 서로가 최선을 다해 정정당당하게 겨루어 승리를 쟁취했을 때 승자는 진정한 기쁨을 맛보게 됩니다. 패자 또한 비록 경기에서는 졌지만 결코 우울하지 않습니다. 경기의 최고 승자는 한 사람 밖에 될 수 없기 때문에 다음 기회에 다시 도전하여 승자가 되어 누릴 기쁨을 기대하면서 현재의 결과에 아쉬운 승복을 하는 것입니다. 그것이 바로 스포츠 정신입니다.

우리가 하루를 살면서 느끼는 가장 행복한 삶은 "네가 있기에 내가 행복하다."는 것을 가슴으로 느끼는 삶입니다. 그것은 곧 천국의 삶입니다. 아무것도 부러울 것이 없는 축복의 시간입니다. 그러나 반대로 "네가 있기에 내가 불행하다."는 삶을 산다면 이미 그것은 지옥입니다.

그러므로 '진실로 행복한 삶'이란 살아 있는 지금 '내가 사랑하는 사람이 있다'는 것입니다. 또한 동시에 누군가 '나를 사랑해 주는 사람도 있다'는 것입니다.

그러므로 사랑할 만한 사람이 없다는 것은 허무주의적인 발상에서 오는 것입니다. 허무주의는 삶의 목적도, 삶의 의미도 없는 참담한 단절의 삶입니다.

영국의 수상 디즈레일리(Disraeli)는 "애정의 결핍과 금전의 결핍은 모든 고통의 근원이다"라는 말을 했습니다. 그렇습니다. 금전의 결핍은 물질생활의 고통을 불러옵니다. 그리고 애정의 결핍은 정신생활의 고통을 가져옵니다.

예수님께서 말씀하셨습니다. '너희 마음에 천국이 있다'

우리 마음에 천국이 있다는 것은 마음에 사랑이 있다는 것과 같은 의미입니다.

이번 본문 메시지는 다윗을 통하여 하나님의 사랑을 나타낸 하나님의 마음입니다. 저는 본문을 묵상하다가 그것을 발견했습니다. 다윗이 슬퍼한 것이 그저 단순히 사울이 죽고 요나단이 죽었기 때문이 아니라는 것입니다. 즉, 하나님은 다윗을 통하여 하나님의 사랑과 하나님의 마음을 오늘 우리에게 드러내고 계신다는 것을 깨달았다는 말씀입니다. 그래서 말씀을 준비하는 동안 가슴이 벅차고 눈물이 핑 돌았습니다.

하나님께서 다윗을 통해 우리에게 나타내고자 하신 당신의 마음은 무엇일까요?

그것은 바로 〈지고한 사랑〉입니다.

우리는 사울이 어떤 사람인지 잘 알고 있습니다. 이해를 돕기 위해 또 설명하겠습니다. 사울은 평생 다윗을 괴롭히고 죽이려던 사람입니다. 그것도 10여 년을 그렇게 쫓아다녔던 사람입니다. 이스라엘의 왕이라는 사람이 자신의 사위인 다윗을 죽이려고 온갖 방법을 다 동원하면서 그를 고통하게 했습니다. 그런 사울이 죽었다는 소식은 어떤 의미에서는, 인간적인 솔직한 심정으로는 다윗에게 기쁜 소식이었습니다.

그러나 다윗은 그것을 결코 낭보(朗報)로 여기지 않았습니다. 자신을 죽이려고 추격하던 자의 사망 소식을 듣고 오히려 슬퍼했습니다. 그 슬픔이 얼마나 진솔했는가는 소식을 들은 후 행하는 그의 모습에서 극명하게 나타납니다. 사울의 죽음을 슬퍼하는 조가(弔歌)를 지었습니다. 그리고 자신만 부르는 것이 아니라 유다 모든 족속에게 가르쳐 부르게 했습니다. 그것을 18절에서는 '활 노래' 라고 이름하고 있습니다.

이런 다윗의 모습에서 참으로 지고한 사랑을 발견하게 됩니다. 이 사랑은 단순히 한 인간 다윗의 마음자리에만 있는 사랑이 아닙니다. 그 너머에 있는 하나님의 마음이 다윗을 통하여 절절하게 표현되고 있다는 사실을 깨달을 수 있습니다.

이제 이 〈지고한 사랑〉을 좀 더 깊이 짚어보려고 합니다.

첫째, 자신을 반역한 아들 압살롬을 향한 사랑.

사무엘하 15장에는 아버지 다윗의 왕위를 찬탈하고자 그 부친을 죽이려는 아들이 등장합니다. 그런 아들에게 쫓겨 달아나는 다윗의 모습이 가슴 먹먹하게 그려져 있습니다. 그의 머리는 풀어헤쳐져 있습니다. 발은 신조차 신지 못한 맨발입니다. 아들에게 쫓겨 그렇게 참담한 모습으로 기드론 시내를 건너 감람산 산길로 올라가고 있습니다.

어떻게 이럴 수가 있다는 말입니까. 참으로 비참하기 짝이 없는 도망자 다윗 왕의 모습입니다.

그럼에도 다윗은 그 아들을 원망하지 않았습니다. 미워하지 않았습니다. 그런 아들이었지만 그 아들 압살롬이 죽었다는 소식을 들었을 때는 신하들 앞에서 죽은 아들 때문에 폐부를 찢는 고통으로 울부짖습니다. '내 아들 압살롬아,. 내 아들, 내 아들 압살롬아, 내가 너를 대신하여 죽었더면, 압살롬 내 아들아, 내 아들아(삼하18:33)' 하며 통곡을 했습니다.

보편적인 인간 다윗의 마음으로는 불가능한 일이었습니다. 그러나 그 안에 내주 하시는 하나님의 마음이 바로 이런 지고지순한 사랑을 가능하게 했습니다.

둘째, 자신의 정적인 왕위 계승자 요나단을 향한 사랑.

요나단은 장인 사울 왕의 아들이자 그 왕위를 물려받을 후계자로서 자신과는 엄연한 정적(政敵)입니다. 그러나 그 둘, 요나단과 다윗의 사랑은 지구촌 그 어디에서도 찾아볼 수 없는 가장 아름다운 사랑으로 역사에 남았습니다. 그 요나단이 죽었다는 것은 다윗에게는 견딜 수 없는 아픔이요 또 슬픔이었습니다. 터지는 그 슬픔을 실어지은 노래가 활 노래입니다. 그 애절함을 26절에 이렇게 기록하고 있습니다.

"내 형 요나단이여 내가 그대를 애통함은
그대는 내게 심히 아름다움이라.
그대가 나를 사랑함이 기이하여
여인의 사랑보다 더하였도다."

요나단이 다윗을 사랑한 것은 여인의 사랑보다 더하였다고 합니다.

여기서 다윗이 말한 '여인의 사랑'이란 자식을 향한 어머니의 사랑입니다. 또한 남편을 향한 아내의 사랑입니다. 이 사랑은 자신의 목숨도 귀히 여기지 않으며 기꺼이 내어줄 수 있는 사랑입니다. 감히 그 무엇에도 견줄 수 없는 지고한 사랑입니다. 그러니 그 사랑이 얼마나 깊고 컸으며 또 얼마나 아름다웠겠는가를 유추하는 것은 그리 어려운 것이 아닙니다.

참으로 요나단의 사랑은 그랬습니다. 자신이 아버지 사울의 왕위를 이어 이스라엘의 왕이 되는 것은 100% 보장된 것이었습니다. 그럼에도 다윗이 왕이 되는 것이 하나님의 뜻임을 깨닫고 그를 사울의 칼로부터 보호해 주었습니다. 뿐만 아니라 사울 왕이 다윗을 광포하게 대할수록 더욱 다윗을 아끼고 사랑했습니다. 아버지에게 '패역부도의 계집의 소생아 네가 이새의 아들을 택한 것이 네 수치와 네 어미의 벌거벗은 수치됨을 내가 어찌 알지 못하랴(삼상 20:30)' 하는 차마 입에 담지 못할 욕을 듣고도 다윗을 변호합니다.

그러자 아버지 사울 왕은 아들 요나단을 향해 단창을 던지며 노를 폭발하고 맙니다. 그럼에도 그는 다윗을 죽이려는 아버지를 속상해 하며 식음을 전폐합니다. 게다가 질시를 당하는 다윗을 슬퍼하며 그 자리를 물러나와 다윗을 위험으로부터 피신시킵니다. 이것이 요나단의 다윗을 향한 사랑이었습니다.

훗날 예수님께서 요한복음 15:13을 통해 사랑의 가치에 대해 말씀하셨습니다.

"사람이 친구를 위하여 자기 목숨을 버리면
이보다 더 큰 사랑이 없나니"

왕위에 오른 다윗은 후일 요나단의 아들이 살아있다는 소식을 듣고 그를 왕궁으로 불러들였습니다. 평생에 잊지 못할 생명의 은인인 친구의 아들입니다. 그를 만나고 보니 애석하게도 장애인이었습니다. 그러나 다윗은 그날로부터 요나단의 아들 므비보셋을 왕자로 삼고 자신과 함께 먹고 마시게 했습니다. 참으로 지고한 사랑입니다.

이 사랑이 바로 오늘 교회 공동체인 우리 성도들이 나눌 사랑임을 깨닫기를 바랍니다.

셋째, 자신을 저주하며 비난하는 시므이까지도 미워하지 않고 수용한 사랑.

아들 압살롬에게 쫓기는 신세가 되어 참담하기 이를 데 없는 길을 가는 다윗을 쫓아오면서 저주하는 사람이 있었습니다. 시므이라는 사람이었습니다. 그는 다윗을 사울 집안의 파멸을 가져온 장본인으로 간주하고는 깊은 적의를 품고 있던 사울 문중의 한 사람이었습니다. 하나님의 뜻을 알지 못하는 어리석은 자였습니다. 그런 자가 쫓기는 다윗을 따라오며 저주를 퍼부었습니다. 다윗의 충복 아비새가 단칼에 그를 죽이고자 청했습니다. 그러나 다윗은 충복의 청을 정중히 물리치며 그를 미워하지 않고 죽이지도 않았습니다.

이 또한 다윗의 마음으로는 불가능한 일이지만 하나님의 마음으로는 가능했던 지고한 사랑입니다.

넷째, 자신을 죽이려했던 원수 같은 사울도 미워하지 않고 존중한 사랑.

사울이 다윗을 괴롭힌 행보들은 아무리 생각을 해도 정말 너무했다는 생각뿐입니다. 그는 다윗만 없으면 자기의 왕위도 영광도 영원하리라 생각했습니다. 그래서 백성들이 다윗을 높이는 것이 싫었습니다. 다윗이 미웠습니다. 다윗을 시기한 마음이 종국에는 살인까지 하기로 마음을 먹는 무서운 결과를 가져옵니다. 기어코 죽여 끝장을 보겠다고 추격을 시작합니다. 가히 사력을 다하며 몸부림을 친 사울이었습니다.

그런 사울 왕이 죽었습니다. 그러니 다윗에게는 기쁜 소식이 아닐 수 없습니다. 그러나 다윗은 오히려 슬퍼합니다. 애통해 합니다. 애가(哀歌)를 지어 백성들에게 부르게 하여 사울을 조상(弔喪)하라고 했습니다.

17절 말씀 "조상(弔喪)하고"에는 그 당시 다윗의 마음이 표현되고 있습니다. 18절에서는 조가(弔歌)를 지어 온 백성들에게 부르게 했습니다. 19절에서는 "이스라엘의 영광이 죽었다"고 애통해 했습니다. 20절에서는 "생전에 사랑스럽고 아름다웠다"고 칭송합니다.

자기를 그토록 괴롭히고 죽이려 했던 원수를 향하여 애도하며 칭찬을 아끼지 않는 이 모든 행보는 위선이 아닙니다. 가식도 아닙니다. 이것이 다윗의 진심입니다.

예, 물론입니다. 다윗도 사울의 모든 것을 잘 알고 있습니다. 잘한 것보다는 못한 것이 더 많은 것도 압니다. 자기를 그토록 힘들게 하고 아프게 한 것도 압니다.

그럼에도 불구하고 17~20절에 나타난 내용은 사울의 좋은 점만 부각시켜 그를 높이며 칭찬하고 있습니다.

다윗의 이 모습, 바로 이 모습을 통해 하나님은 오늘 우리의 삶을 조명해 주시고자 하셨습니다. 오늘을 살아가는 우리네 삶도 성도와 성도 간에, 이웃과 이웃의 관계에서 얽히고설킨 문제들이 어찌 없겠습니까. 그럼에도 불구하고 성도라면, 이웃의 나쁜 점은 묻어두고 좋은 점을 드러내서 칭찬해야 한다는 것입니다.

다윗도 사울도 모두가 하나님의 기름부음을 받은 사람들입니다. 그럼에도 사울은 다윗을 멸시했습니다. 죽이려고 했습니다. 그러나 다윗은 그와는 정반대로 사울을 존중했습니다. 선대했습니다.

이렇게 사울과 다윗의 확연한 차이를 우리는 볼 수 있습니다. 다윗은 사울이 비록 폭군이었지만 하나님으로부터 기름부음 받은 그의 왕권을 절대적인 것으로 존중했던 것입니다. 그것이 하나님을 신앙하는 마음입니다.

그런 면으로 한다면 우리교회도 참 좋은 교회입니다. 목사도 장로도 허물과 약점이 있습니다. 그렇지만 그것을 묻어주고 하나님이 주신 교회 지도자로서의 권위를 인정하며 존중해 주는 성도님들이 계시기 때문에 우리교회는 더욱 부흥하고 평안하며 축복을 나누는 교회가 된 줄 믿습니다.

그렇습니다. 하나님은 오늘 우리에게 그것을 일깨워주고 계십니다. 다윗의 애가(哀歌)는 그것을 표현하는 것입니다. 다윗의 인간적인 마음으로는 불가능한 일입니다. 그러나 하나님의 마음으로는 가능했습니다. 그것이 바로 지고한 사랑입니다.

잠언 24:17~18은 다윗의 마음을 마치 수채화처럼 그려놓고 있습니다.

"네 원수가 넘어질 때에 즐거워하지 말며
그가 엎드러질 때에 마음에 기뻐하지 말라.
여호와께서 이것을 보시고 기뻐하지 아니하사
그의 진노를 그에게서 옮기실까 두려우니라."

그렇습니다. 다윗은 자신을 괴롭히고 죽이려 했던 원수까지도 미워할 수 없었습니다. 이런 마음이 다윗에게 가능했던 것은 온전한 하나님의 말씀 때문이었습니다. 그 말씀은 시편 23편에서 볼 수 있습니다.

"여호와는 나의 목자시니
내게 부족함이 없으리로다.
그가 나를 푸른 풀밭에 누이시며
쉴 만한 물 가로 인도하시는도다."

이 신앙으로 충만한 다윗이기에 그는 일상의 모든 것이 오직 하나님이었습니다. 그리고 시편 103:1~5을 읽어보면 더욱 이해가 됩니다. 그 내용을 정리하면 이렇습니다.

"내 영혼아 여호와를 송축하라.
내 영혼아 여호와의 모든 은택을 잊지 말지어다.
하나님이 모든 죄악을 사하신다.
하나님이 모든 병을 고치신다.
하나님이 내 생명을 파멸에서 속량하신다.
하나님이 인자와 긍휼로 관을 씌우신다.
하나님이 좋은 것으로 네 소원을 만족하게 하신다.
하나님이 독수리 같이 나를 새롭게 하신다.
그러므로 여호와를 송축하라."

그렇습니다. 이런 마음을 가지고 있으면 누구도 미워할 수 없습니다. 원망할 수 없습니다. 오직 사랑할 수밖에 없습니다.

하나님은 왜 성경 전체에 강물처럼 흐르는 교훈이 되는 "원수를 사랑하라"는 말씀을 하셨을까요?

답은 아주 간단합니다. 우리가 전에 하나님의 원수였습니다. 그런 모습으로 살고 있었습니다. 전혀 깨닫지도 못하고서 말입니다. 우리가 하나님의 원수였던 증거가 있느냐고요? 예, 있습니다. 골로새서 1:21이 확증하여 밝혀줍니다.

"전에 악한 행실로 멀리 떠나
마음으로 원수가 되었던 너희를"

이와 같이 원수 된 우리를 하나님께서 회복시키셨습니다. 골로새서 1:22이 밝혀줍니다.

"이제는 그의 육체의 죽음으로 말미암아
화목하게 하사"

에베소서 2:16로 이어집니다.

"또 십자가로 이 둘을 한 몸으로
하나님과 화목하게 하려 하심이라.
원수 된 것을 십자가로 소멸하시고"

할렐루야! 아멘! 아멘입니다.

죄인의 신분으로 하나님을 대적하던 원수로 살았던 우리들이었습니다. 그런데 하나님은 하나님의 원수 된 자로 살아가는 우리의 아픔, 고통, 죽음, 불행을 기뻐하지 않으셨습니다. 오히려 그런 우리를 사랑하셨습니다. 그래서 우리가 받아야 할 온갖 멸시와 수모와 고초를 다 당하시면서 우리를 대신하여 그 참혹한 십자가에서 죽으셨습니다. 참으로 죽음으로 우리를 사랑하셨습니다.

하나님은 그것을 오늘 다윗을 통하여 우리에게 말씀하고 계십니다. 그것이 바로 지고한 사랑입니다. 그 사랑이 하나님의 사랑입니다. 그 사랑이 아가페입니다. 하나님의 사랑 때문에, 우리를 사랑하시는 하나님의 사랑 때문에 아들 예수님이 십자가에서 죽으신 것입니다. 원수로 살아가던 우리를 사랑하시고 살리신 하나님은 우리에게 말씀 하십니다. "원수를 사랑하라." 아멘!

그것이 지고한 사랑입니다. 마태복음 5:43~44을 통해서 말씀하십니다.

"네 이웃을 사랑하고 네 원수를 미워하라
하였다는 것을 너희가 들었으나
나는 너희에게 이르노니 너희 원수를 사랑하며
너희를 박해하는 자를 위하여 기도하라."

로마서 12:19~20을 통해서 또 말씀하십니다.

"내 사랑하는 자들아
너희가 친히 원수를 갚지 말고
하나님의 진노하심에 맡기라
기록되었으되
원수 갚는 것이 내게 있으니
내가 갚으리라고 주께서 말씀하시니라.
네 원수가 주리거든 먹이고
목마르거든 마시게 하라."

바로 이것이 지고한 사랑입니다. 이 지고한 사랑이 하나님의 사랑입니다.

이번 본문은 하나님께서 다윗을 통하여 우리에게 바로 이 사랑을 가르쳐주고 계시는 것입니다. 하나님 당신의 마음을 다윗을 통하여 우리에게 드러내신 것입니다.

사랑하는 성도 여러분, 서로 사랑하며 살아가십시다. 오늘 주님께서 우리에게 말씀하십니다. “원수를 사랑하라!”

우리 모두 하나님 앞에서 이렇게 살아가시기를 예수님의 이름으로 축복합니다. 아멘!

3

카이로스 은총

"그 후에 다윗이 여호와께 물어 가로되
내가 유다 한 성으로 올라 가리이까
여호와께서 가라사대 올라가라
다윗이 가로되 어디로 가리이까
가라사대 헤브론으로 갈지니라
〈사무엘하 2:1~7 중〉."

3. 카이로스 은총

'카이로스(kairos)' 라는 말은 신약성경에 자주 나오는 낱말로써 여러 가지 뜻을 가지고 있습니다. 고정적이고 확정적인 시각을 의미할 때도 있고, 계절을 뜻하기도 합니다. 그리고 때로는 어떤 사건이 일어나는 때를 가리키기도 합니다. 이렇게 이 단어는 모두 시간과 관련이 되어 있습니다. 보다 구체적으로 이해를 돕자면 '카이로스'는 시계로 잴 수 있는 물량적 시간을 가리키는 '크로노스(kronos)' 와는 대조적으로 사용되었습니다.

대부분의 학자들은 '카이로스' 라는 말을 독특한 고유의 성질을 가진 중요한 시간임을 인식하고 사용했습니다. 다시 말하면 "하나님의 목적에 따라 지정된 시간"을 의미한다는 것입니다. 하나의 예로 마가복음 1:15을 보겠습니다.

"때가 찼고 하나님의 나라가 가까이 왔으니"

'폴 틸리히'는 여기의 "때가 찼고(The time is fulfilled)"의 '때'가 '카이로스'로서 하나님의 목적에 따라 지정된 시간으로 신학적 체계를 세우는데 있어서 이 용어를 매우 중요시 했습니다. 즉 '카이로스'란 하나님의 뜻이 이루어지는 시간, 하나님께서 개입하시는 시간이라는 것입니다.

아브라함은 75세에 하나님으로부터 후손을 약속받았습니다. 그러나 25년 동안 자녀가 없었습니다. 그래도 그는 믿음으로 기다렸습니다. 드디어 그가 100세에 이르렀을 때, 하나님은 이삭을 주셨습니다. 때가 찬 것입니다. 그 '때'가 '카이로스'입니다.

요셉도 17세에 열국의 존경을 받는 사람이 될 것을 꿈으로 보았습니다. 그리고 그 꿈이 이루어질 것을 확신합니다. 그러나 형들의 모함으로 미디안 장사꾼들에게 팔려갑니다. 꿈과는 관계도 없는 험난한 고난의 길을 걷습니다. 그럼에도 불구하고 13년이 지나자 애굽의 총리대신이 됩니다. 드디어 꿈이 이루어 진 것입니다. 이렇게 하나님께서 요셉에게 주신 꿈이 성취되는 '때', 그 때가 바로 '카이로스'입니다.

그러나 이와 같은 '카이로스'의 은총을 누리지 못하는 사람이 있습니다. 크로노스로 인해 실패와 낭패를 겪은 사람이 있습니다. 그 대표적인 사람이 바로 사울 왕이었습니다.

사무엘상 13장은 사울과 블레셋의 전쟁기록입니다. 이 상황을 살펴보면 블레셋 군은 병거가 3만이요, 마병이 6천이며, 군대는 해변의 모래알처럼 많았습니다. 이에 비하여 사울의 군대는 고작 3천 여 명이었습니다. 이런 상황에서 전쟁을 한다면 이건 완전히 머리수만

해도 10대 1의 전쟁입니다.

그런데 이 엄청난 대군 블레셋 군이 쳐들어온다는 소식이 사울의 진영에 전해졌습니다. 이 소식을 들은 백성들은 두려워 떨었습니다. 하나님께 번제를 드려야 할 상황임에도 기한 내에 온다던 사무엘은 오지 않습니다. 사울은 조급했습니다. 사무엘이 기한 내에 도착을 하지 않는 것입니다.

우리 속담에 '사람이 꾀를 내다 내다 죽을 꾀를 낸다'는 것이 있습니다. 그런데 사울 왕이 바로 이 꾀를 내고 말았습니다. 더 이상 견딜 수 없이 다급해진 사울은 자신이 해서는 안 되는 번제를 드리고 맙니다. 아뿔싸! 번제를 마치기가 무섭게 그렇게도 애타게 기다리던 사무엘이 도착을 했습니다. 상황을 알게 된 사무엘이 진노합니다. 어떻게 이렇게 할 수 있느냐고 꾸짖습니다. 하나님의 선지자가 대노한 것입니다. 그러자 사울은 워낙에 상황이 위급해서 그럴 수밖에 없었다고 변명을 합니다.

이런 모습이 바로 우리의 모습입니다. 자신의 실수를 인정하지 않으려고 합니다. 잘못을 시인하고 용서를 빌어야 하는 중차대한 일이라도 기어이 변명부터 늘어놓습니다. 그리고 어떻게든 책임전가를 하려고 머리를 굴립니다.

지금 사울의 모습이 꼭 그렇습니다. 바로 우리 자신의 모습이지요? 아닌 사람이 거의 없습니다.

그러나 참으로 우리가 알아야 할 것은 하나님 앞에서나 사람 앞에서 그 어떤 변명보다도 먼저 잘못을 시인하는 것이 옳습니다. 그리고 용서를 구해야 합니다. 또한 그리한 후에는 다시 반복하지 말아야 합니다.

변명을 하는 사울에게 사무엘은 말합니다. 사무엘상 13:13입니다.

"사무엘이 사울에게 이르되
왕이 망령되이 행하였도다
왕이 왕의 하나님 여호와께서
왕에게 내리신 명령을 지키지 아니하였도다."

다시 말하면 아무리 바빠도 왕이 해야 할 일이 있고 제사장이 해야 할 일이 따로 있다는 것입니다. 그런데 사울은 하나님의 시간을 기다리지 못하고 사람의 시간에 쫓겨 망령된 일을 행하였다는 것입니다. 도무지 있어서는 안 되는 일을 했다는 것입니다. 그것은 사람에게 한 일이 아니라 높고 엄위하신 하나님께 대하여 한 일이라는 것입니다.

참으로 무서운 질책이 아닐 수 없습니다.

전쟁은 여호와께 속한 것입니다(삼상17:47). 이기고 지는 것도 하나님의 시간 안에서 진행됩니다. 그것이 역사를 섭리하시는 하나님의 뜻입니다. 그것을 볼 수 있는 눈이 영안입니다. 그 시간을 인내로, 믿음으로 기다리는 것이 축복입니다.

오늘을 살아가는 우리에게 이 사건은 참으로 중요한 교훈이 됩니다. 오늘이라는 시간을 살면서 '카이로스'의 은총을 깨닫지 못하고 나아가는 우리에게 크게 경종을 울리는 사건입니다.

그런데 우리는 하루하루 무조건 지금의 '내 상황'에 맞춘 '내 시간'

을 소중히 여깁니다. 기다리지 못합니다. 하나님께 깊이 여쭙고 그분의 대답을 들으려고 하지 않습니다. 참으로 어리석은 일입니다.

'지금'이라는 시간을 나의 생각에 맞추면 아무것도 이루지 못합니다. 순간에는 된 것 같으나 결코 잘 된 것이 아닙니다. 그런데도 어리석은 사람은 그것을 알지 못합니다. 자신의 얕은꾀가 일을 이루었다고 착각을 합니다.

그러나 기억하십시오! 그것은 착각입니다.

그렇지만 모든 것을 하나님의 시간에 맞추면 놀라운 역사를 이루게 됩니다. 믿음으로 기다리며 인내한 것 이상의 좋은 결과를 맞습니다. 하나님은 언제나 가장 좋은 때에, 가장 좋은 것을, 가장 좋은 방법으로 이루어 가시는 분이십니다. 그 증거가 여기 예레미야 33:2의 분명한 말씀으로 우리 앞에 있습니다.

"일을 행하시는 여호와,
그것을 만들며 성취하시는 여호와,
그의 이름을 여호와라 하는 이가
이와 같이 이르시도다."

분명히 기억하십시오. 그 여호와 하나님이 뭐라고 하십니까?
계속되는 3절의 말씀입니다.

"너는 내게 부르짖으라.
내가 네게 응답하겠고

네가 알지 못하는 크고 은밀한 일을
네게 보이리라."

예, 그렇습니다. 모든 역사는 하나님께서 이루어 가십니다. 그 하나님께서 개입하시는 시간이 '카이로스' 입니다. 그것을 깨닫고 인내하며 순종하는 것이 '카이로스' 의 은총입니다.

오늘도 '믿는다' 고 하는 우리의 삶을 보면 한결같이 '크로노스' 의 시간 개념으로 살아갑니다. 그런데도 이 사실을 깨닫지도 못하고 있습니다. 얼마나 안타까운지 모릅니다.

이런 이야기가 있습니다. 어떤 사람이 베드로후서 3:8절을 읽고 깜짝 놀랐습니다.

"사랑하는 자들아 주께는 하루가 천 년 같고 천 년이 하루 같은 이 한 가지를 잊지 말라." 이 구절을 읽고 재빠르게 전자계산기를 두드렸습니다. 하루가 천년이니 계산상 365 X 1,000 = 365,000입니다. 그래서 이렇게 기도했습니다.

"하나님, 저에게 1만원만 주시옵소서. 그리고 하나님의 계산법으로 응답해 주실 줄 믿습니다."

그러면 얼마입니까?

36억 5천만 원입니다.

그 순간 하나님의 응답이 즉각 왔습니다.

"사랑하는 아들아, 구하는 자에게 주지 않겠느냐. 그런데 하루만 기다려라."

얼마나 기다리라는 말씀입니까?

예, 천년을 기다리라는 말씀입니다.

오늘날 그리스도인들이 이런 방식으로 살아가는 경우가 허다합니다. 자신의 시간에 맞추어 하나님을 이용하는 것입니다.

사울이 그랬습니다. 하나님의 시간에 나를 맞추는 것이 아니라 자기 시간에 하나님을 맞추려고 했습니다. 그러니 어떻게 하나님의 마음에 합할 수가 있었겠습니까.

그러나 하나님의 시간표에 맞추어 사는 사람은 때로는 늦은 것 같고, 때로는 지난 것 같고, 때로는 잊으신 바 된 것 같아 답답하기도 합니다. 가슴이 바싹바싹 타들어 갑니다. 죽음 같은 어둠의 시간이 지나갑니다. 그러나 결과는 반드시 축복입니다. 그 예의 인물이 바로 이 본문의 다윗입니다.

본문은 안타까운 사람 사울의 '크로노스'의 시간개념에 반대되는 삶을 엮어가고 있는 다윗의 걸음입니다. 그는 '카이로스'의 시간개념으로 인내와 순종의 시간을 엮으며 오늘의 기쁨을 누리게 되었습니다. 그러면서 '카이로스'의 은총, 곧 하나님께서 함께 하시는 시간의 은총을 우리에게 분명하게 보여주고 있습니다.

사울이 죽은 후 쉼 없는 세월이 흘러갔습니다. 다윗의 주위에는 더욱 많은 사람들이 모여들어 함께 하게 되었습니다. 이제 때는 자연스럽게 그가 왕위에 오를 시기를 맞게 되었습니다. 참으로 긴 기다림의 시간이었습니다.

만약 다윗이 '크로노스'의 시간 개념을 갖고 있었던 사람이라면 이런 기다림의 시간들은 없었을 것입니다. 왜냐하면 이미 사울 왕도 죽었겠다, 상황도 호전이 되었겠다, 구태여 자신의 즉위를 보류할 이유가 없지 않았겠습니까.

그럼에도 불구하고 다윗은 사울이 죽은 후에도 서두르지 않았습니다. 뿐만 아니라 한참 동안이나 시글락에 그대로 머물러 있었습니다. 하나님의 시간을 기다리고 있었던 것입니다.

이와 같은 다윗의 기다림의 모습은 참으로 아름답고 놀랍습니다. 그러다가 시기적으로 이제는 왕위에 오를 때가 된 것을 알고 새로운 행보를 준비합니다. 그 첫 발걸음을 내딛는 시작은 또 얼마나 아름다운지요. 그 시작을 1절의 말씀을 통해 함께 보며 나아가도록 하겠습니다.

"그 후에 다윗이 여호와께 여쭈어 아뢰되
내가 유다 한 성읍으로 올라가리이까?
여호와께서 이르시되 올라가라.
다윗이 아뢰되 어디로 가리이까?
이르시되 헤브론으로 갈지니라."

여러분 보셨습니까?

얼마나 겸손한 다윗입니까. 얼마나 질서 정연한 내면이 나타나는 모습입니까. 참으로 아름다운 다윗의 마음입니다. 깊은 신앙의 모습입니다. 왕위에 오르는 문제에 대하여 하나님의 시간표를 확인하였습니다. 자신의 시간이 아닙니다. 하나님의 시간이 어떤 것인가를 알려는 다윗의 마음이 그대로 드러나며 이 글을 읽는 우리의 마음조차 숙연하게 합니다.

"내가 유다 한 성읍으로 올라가리이까?"
"올라가라."
"어디로 가리이까?"
"헤브론으로 갈지니라."

이것이 다윗과 하나님의 관계요 대화입니다. 얼마나 가슴 떨리도록 아름답습니까. 여기에 목회 성공의 비밀이 있습니다. 여기에 기업 성공의 비밀이 있습니다. 바로 여기에 정치의 성공 비밀이 있고, 여기에 삶의 모든 성공의 비밀이 담겨있습니다. 오늘 우리 모두에게 다윗의 이 '카이로스'의 은총이 함께 하시기를 축복합니다.

다윗은 항상 '카이로스'의 시간 개념으로 살았습니다. 이러한 다윗에게 하나님은 항상 가장 좋은 때에 가장 좋은 방법으로 가장 좋은 것으로 함께 하셨습니다.

하나님의 응답을 들은 다윗은 이제 가족들과 함께 하는 추종자들과 헤브론으로 올라갑니다. 그리고 그들을 각 성읍에 살게 합니다. 자신도 마침내 그 긴- 기다림의 시간을 종료하고 유다 왕으로 즉위를 하게 됩니다. 그 결론적인 사실화(史實畵)가 4절의 말씀입니다.

"유다 사람들이 와서
거기서 다윗에게 기름을 부어
유다 족속의 왕으로 삼았더라."

창세기 49:8~10에서 야곱은 유다 족속에서 이스라엘을 다스리는 통치자가 나올 것이라고 예언하였습니다. 그 예언이 850년이 지난 지금 다윗이 왕위에 오름으로써 마침내 성취되었습니다.

이 장엄한 모습이 여러분의 가슴에, 뇌리에 그려지기를 바랍니다. 하나님의 시간을 맞는 인고의 사람 다윗과 일을 성취하시는 여호와 하나님의 완벽한 하모니를 영의 눈으로 볼 수 있으시기를 바랍니다. 영의 귀로 들을 수 있으시기를 바랍니다. 드디어 이렇게 다윗은 이스라엘 왕으로 다시 기름부음을 받았습니다.

다윗이 기름 부음 받은 사건은 세 차례입니다.

그 첫 번째는 사무엘상 16:13에 나타납니다. 지금의 즉위식으로부터 15년 전에 사무엘에게서 왕으로 기름부음을 받았습니다. 이때의 기름 부음 받음은 이스라엘의 왕이 되게 하시는 하나님의 약속입니다.

두 번째는 본문 4절에서 유다의 장로들로부터 유다의 왕으로 기름 부음을 받는 것입니다. 이때의 기름 부음 받음은 비록 반쪽이지만 유다 왕이 됨으로 하나님의 약속이 실현되는 사건입니다.

그리고 세 번째는 약 7년 6개월 뒤에 이스라엘 장로들에게 온 이스라엘 왕으로 기름 부음을 받게 됩니다. 이때의 기름부음은 바로 이스라엘 열 두 지파의 온전한 왕으로서 하나님의 섭리에 의한 하나님의 계획이 구체화되는 850년 역사의 사건이자 다윗 개인을 인도하신 하나님의 역사였습니다.

여기서 우리는 새롭게 깨닫고 확신하는 것이 있습니다. 그것은 하나님께서 말씀하신 것은 반드시 이루어진다는 사실입니다. 언제가 되든지 그것은 가장 좋은 때에, 가장 좋은 방법으로, 가장 아름답게 이루신다는 것입니다. 뿐만 아니라 하나님께 인정하심을 받는 자는 그 당장에는 어려움이 있을지라도 필경 승리한다는 영적 진리를 깨닫고 확신합니다.

또 하나의 놀라운 사실을 본문 5절 이하의 내용에서 발견할 수 있습니다. 곧 다윗이 유다 왕으로 즉위한 후 공식적으로 행한 첫 행사입니다. 그 행사는 길르앗 야베스의 사람들을 축복한 사건입니다. 길르앗 야베스 사람들은 사울의 시체를 잘 처리하여 장사를 지냈습니다. 이런 보고를 받은 다윗은 즉시 사자들을 길르앗 야베스 사람들에게 보냅니다. 그리고 축복을 했습니다. 길르앗 야베스 사람들을 축복한 이유를 다윗은 5절에서 밝힙니다.

"다윗이 길르앗 야베스 사람들에게
전령들을 보내 그들에게 이르되
너희가 너희 주 사울에게
이처럼 은혜를 베풀어 그를 장사하였으니
여호와께 복을 받을지어다."

그리고 그렇게 행한 너희 길르앗 야베스 사람들을 이렇게 축복한다고 말하는 내용을 6절에서 보여줍니다.

"너희가 이 일을 하였으니
이제 여호와께서 은혜와 진리로
너희에게 베푸시기를 원하고

나도 이 선한 일을 너희에게 갚으리니"

이 축복의 내용은 2 가지로 정리할 수 있습니다. 하나는 하나님께서 은혜와 진리를 저희들에게 베푸시기를 원한 것입니다. 두 번째는 다윗도 그들이 행한 선한 일을 갚아주겠다는 것입니다. 이 2 가지는 바로 '카이로스'의 시간 개념의 내용입니다.

다윗의 하나님 앞에서의 행함을 다시 한 번 생각해 보지 않을 수 없는 대목입니다. 자기를 죽이려고 혈안이 되었던 사울이 죽자 그를 선하게 장사해 준 길르앗 야베스 사람들입니다. 그런 그들에게 하나님께서 은혜와 진리를 베풀어 주시기를 구합니다. 또한 자기도 선한 일로 그들에게 갚겠다고 합니다.

이것이 과연 평범한 인간의 이성으로 가능한 일일까요?

세상의 모든 것은 하나님의 시간표 안에서 진행되고 있습니다. 다윗은 그 사실을 믿음으로 수용했습니다. 그 시간표 안에서 진행되는 하나님의 뜻을 깨닫고 순종하는 것이 다윗의 신앙이며 삶이었습니다. 이것이 바로 '카이로스'의 은총입니다.

어쩌면 사울을 잘 보살폈다는 것 때문에 길르앗 야베스 사람들은 다윗이 왕으로 즉위한 소식을 듣고 두려웠을지도 모릅니다. 또한 '크로노스'의 시간 개념을 가진 사람이라면 오히려 길르앗 야베스 사람들에게 보복을 했을 수도 있을 것입니다.

그러나 '카이로스'의 시간 개념을 소유한 다윗은 그리하지 않았습니다. 오직 모든 것을 하나님의 시간표 안에서 보고 행했습니다.

그것은 하나님에 대한 절대적 믿음이 있어야 가능합니다.
믿음이 절대적이면 어떤 상황에서도 인내할 수 있습니다.
인내에는 반드시 순종이 수반됩니다.

작금의 한국교회 상황은 '카이로스' 개념이 약화되고 있습니다. 땅의 것만 보이는 듯, 땅의 것만이 전부인 듯 살아가는 경향이 있습니다. 참으로 안타깝기 그지없습니다. 세태가 어떠하든지 우리는 다시 오실 주님을 기다리는 믿음을 잃어서는 안 됩니다.

역사는 하나님의 섭리 안에서 진행됩니다. 하늘로 승천하신 주님은 "너희가 보는 대로 다시 오리라."고 분명히 약속하셨습니다. 주님이 오신다고 하셨으니 반드시 오십니다. 우리의 거할 곳은 영원한 그 나라 하나님의 나라입니다. 비록 지금은 땅에서 살고 있지만 우리의 영원한 처소는 천국입니다. 잠깐의 땅의 생활이 전부인 듯 살아서는 안 됩니다. 절대로 그래서는 안 됩니다.

당신은 믿음의 비밀을 가졌습니까? 다시 오실 주님을 대망하십니까?

그렇다면 하나님께서 개입하시는 시간개념을 가져야 합니다. 그리고 말씀을 준거로 한 삶을 살아야 합니다.

이와 같은 '카이로스'의 삶을 통하여 '카이로스'의 은총을 입고 남은 생애를 살아가는 우리 모두가 되시기를 예수님의 이름으로 축복합니다. 아멘!

4

기회를 선용하라

"요압이 아브넬 쫓기를 그치고 돌아와서
무리를 다 모으니 다윗의 신복 중에
십 구인과 아사헬이 궐이 났으나
〈사무엘하 2:8~32 중〉"

4. 기회를 선용하라

어제는 정말 촌음이 아까운 토요일이었지만 영화 한 편을 집에서 보았습니다. 중국 손문선생의 사상을 배경으로 한 [시월위성(十月圍城)]이었는데 영문으로는 'Bodyguards and Assassins' 입니다.

줄거리를 소개하면 대략 이렇습니다. 1906년 손문이 혁명을 위하여 홍콩에 입성하는 날이었습니다. 새로운 역사를 만들기 위한 시간의 급박함 가운데 1시간의 비밀 회담을 성사시키기 위한 입성이었습니다. 그런데 이 손문 선생의 입성과 이 회담을 막기 위한 반대파들의 방해 또한 적지 않은 것이었습니다.

그러자 이 혁명을 성공시키기 위한 이름 없는 열사들의 생명을 건 사투가 벌어집니다. 그들은 죽음을 두려워하지 않았습니다. 오직 조국의 성공 혁명을 위해 자신의 시간을 선용합니다. 엑스트라 같은 그들은 생명을 다해 반대파들에 맞서 장렬하게 싸우며 쓰러져갔습니다.

그들의 생명을 건 희생, 그 희생을 바탕으로 오늘의 중국이 있게 되었습니다. 그런 역사적인 사실을 영화로 만들어 후손들에게 보여줌으로써 소명과 사명의 중요성을 일깨워 주는 감동이 있는 영화였습니다.

그들의 희생정신과 충성된 삶을 화면을 통해 보면서 저도 모르게 주먹이 불끈 불끈 쥐어졌습니다. 느슨해졌던 지각에 정신이 번쩍 들기도 했습니다.

그렇습니다. 하루하루를 살아가는 우리의 삶에서 깨닫는다는 것은 참으로 귀한 은혜입니다. 깨달음이 없는 것보다 더 불행한 것은 없습니다. 깨달음이 없다는 것은 축복이 없다는 말씀과 같습니다. 그러므로 모든 인간 생활의 은혜와 형통은 깨닫는 데서부터 출발합니다. 그래서 시편 49:20에서는 이렇게 말씀합니다.

"존귀하나 깨닫지 못하는 사람은
멸망하는 짐승같도다."

이 말씀은 인간에게 있어서 가장 비참한 선고라는 생각이 듭니다. 더 이상의 저주일 수 없는 말씀입니다. 멸망하는 짐승 같은 존재, 그것은 이미 인간이 아님을 강조하는 말씀입니다.

어떤 사람이라고 합니까?

예, 존귀하지만 그것을 깨닫지 못하는 사람이라고 했습니다. 바로 이 사실을 깨닫는 것이 은혜입니다.

마치 요나가 처음 기회를 선용하지 못하여 어려움을 당했지만 물고기 배속에서 깨닫고 회개하여 두 번째 기회를 선용함으로써 사명을 수행한 것처럼, 깨닫고 그 기회를 놓치지 않는 것, 그것이 축복입니다.

그러나 이 좋은 기회를 부정적인 측면으로 의미를 부여하면 기회주의자가 됩니다. 기회주의는 어떤 일에 있어서 종국의 목표를 위하여 철저하지 못하고 정세에 따라 기회를 관망합니다. 그러면서 지조없이 편의적으로 행동하는데 그것을 기회주의라고 합니다. 여기에서 나오는 특징이 이론의 결핍과 행동의 돌변 같은 것입니다.

기회주의자는 일정한 신념이나 주관 없이 그때 그때의 형편에 따라서 자기의 유익을 위하여 행동하는 사람입니다.

허무한 일의 기회는 기회가 아닙니다. 그것은 우리를 사로잡아 절망에 빠뜨리고자 하는 올무입니다.

'홀트 아동복지회'라는 것이 있습니다. 이 기구를 설립한 사람이 '헤리 홀트' 씨인데 그의 이름을 따서 지은 것입니다. 그는 미국 오래곤주(州)의 한 평범한 농부였습니다. 또한 그는 경건한 그리스도인이었습니다.

1954년 어느 가을, 오래곤주(州)에서 선명회 총재 피얼스 박사의 강연회가 열렸습니다. 그 강연에서는 한국 전쟁의 참상과 버려진 아이들의 이야기가 전해졌습니다. 이것을 들은 홀트 씨는 마음에 강한 충격을 받습니다. 그리고 그 즉시 온 가족과 합의하여 8명의 아기를 입양하여 함께 살기로 합니다.

그러나 미국의 입양 법에는 2명 이상의 입양은 허락이 되지 않았습니다. 가족들은 열심히 기도했습니다. 그리고 그들의 기도는 마침내 미국의 상원과 하원을 움직입니다. 그 후 그는 한국에 와서 합법적으로 8명의 아이들을 데리고 갈 수 있었습니다.

이 후에 이런 이야기가 전해지자 많은 사람들이 이에 협력을 하게 됩니다. 그리하여 지금의 홀트 아동 복지회- 홀트 양자회가 설립된 것입니다. 그래서 이 기구는 초기의 명칭이 '홀트 양자회' 였습니다.

이것이 주님께서 말씀하신 하나님의 일을 하는 것입니다. 이것이 진정한 기회의 선용입니다.

우리가 살아가는 인생 여정에는 하나님께서 마련해 주시는 성공을 위한 좋은 기회들이 있습니다. 하나님의 자녀는 이런 때를 하나님이 함께 하심을 믿고 믿음으로 행하기만 하면 축복의 기회가 되는 것입니다.

귀한 것을 귀하게 간직할 줄 알고, 참된 것을 참 되게 모색할 줄 알고, 옳은 것을 옳다고 인정할 줄 아는 사람은 행복합니다. 그 사람이 기회를 선용하는 사람입니다.

이번 본문은 동족간의 전쟁에 대한 기록입니다. 그 속에 기회를 악용하는 자와 기회를 선용하는 자의 이야기가 펼쳐지고 있습니다. 내용은 사울의 추종자들과 다윗의 추종자들의 전쟁 이야기지만 단순한 정권다툼의 이야기가 아닙니다. 왜냐하면 하나님께서는 이 역사를 통해 오늘 우리가 어떻게 살아야 하는가를 가르치고 계시기 때문입니다.

이스라엘 초대 왕 사울은 죽었지만 그의 측근들이 쉬 물러서지를 않았습니다. 그러면서 사울의 장수였던 아브넬이 사울의 아들 이스보셋을 이스라엘의 왕으로 옹립하여 사울의 뒤를 잇게 했습니다.

이런 과정은 얼핏 생각하기에는 옳은 것 같습니다. 그러나 역사적인 일들과 하나님의 운행하심의 견지에서 살펴보면 명백한 반역입니다. 이미 하나님께서 다윗을 왕으로 기름 부으셨고 또 다윗은 헤브론에서 즉위식을 마친 상황입니다.

그럼에도 아브넬은 이에 반기를 들고 이스보셋을 사울의 후계자로 세웠습니다. 그것은 하나님의 뜻을 외면하고 있는 것입니다. 철저하게 개인적인 이익을 챙기기 위한 기회주의자의 본능에 따라 움직이고 있는 것입니다. 그러므로 이런 아브넬의 행동은 오직 인본주의에서 기인된 것입니다.

다윗에게는 요압과 아비새, 그리고 아사헬 장군이 있었습니다. 그들은 스루야의 아들들입니다. 어느 날 다윗과 이스보셋 두 진영 장군들 사이에 싸움이 있었습니다. 아사헬이 아브넬을 쫓아가다가 아브넬의 창에 죽임을 당합니다. 그러자 요압과 아비새가 뒤를 쫓으면서 전쟁이 일어납니다. 그리고 그들이 평화 협정을 맺기까지 다윗의 신복 20명이 죽고 아브넬에게 속한 자들은 360명이 죽임을 당했습니다. 큰 인명 피해가 난 것입니다. 참으로 애석한 일이 아닐 수 없습니다.

그런데 오늘 여기서 주목하려는 것은 장수들의 죽고 죽음이 아니라 '기회'라는 것입니다.

세상에 존재하는 모든 사람들에게는 기회라는 것이 주어집니다. 그 기회를 어떻게 이용하느냐에 따라 그의 인생 판도는 확연하게 차이를 드러냅니다. 이러한 기회를 우리는 어떻게 선용할 것인가에 대하여 말씀을 따라 메시지를 받겠습니다.

1. 주어진 기회를 악용하지 말아야 합니다.

사울이 죽은 지 5년이 지났습니다. 그런데도 아브넬은 다윗의 왕위를 인정하지 않았습니다. 그리고 사울의 넷째 아들 이스보셋을 자신들의 왕으로 옹립하였습니다.

이스보셋은 심약하고 무능한자라고 삼하3:11에서 밝히고 있습니다. 그렇게 힘도 없는 자를 기어이 왕으로 옹립한 이유가 무엇이겠습니까? 그것이 과연 선왕에 대한 신하로서의 충정에서 비롯된 것일까요?

아닙니다. 바보가 아니라면 모두가 그렇지 않다는 것을 짐작할 수 있는 일입니다. 그렇습니다. 사실은 자신의 힘을 사용하려는 철저한 인본주의적인 발상에서 그렇게 한 것입니다.

아브넬이 누구인지 살펴보겠습니다.

그는 사울의 사촌이면서 사울의 군대장관입니다. 사울이 왕으로 재임할 때 두 번이나 죽을 고비를 맞았었습니다. 그것은 군대장관이 자기 몫을 제대로 감당하지 못해 일어난 상황이었습니다. 사울 왕 당시 치른 많은 전쟁 중에 수많은 군장들이 죽어갔습니다. 그렇지만 아브넬은 그 때마다 살아남았습니다.

그것이 행운이었을까요?

아닙니다. 그는 언제나 살아남을 기회를 엿본 기회주의자였습니다. 그런 자가 이제는 심약하고 무능한 조카 이스보셋을 왕으로 세운 것입니다. 그 이유는 뻔한 것입니다. 마음 같아서는 자신이 왕위에 오르고 싶었겠지요. 그러나 그것은 절대로 있을 수 없는 일이라는 것을 압니다. 그래서 허수아비 같은 조카를 옹립하여 왕으로 세워 놓고 실상은 자신이 이스라엘 왕조의 실권을 행사하려는 것입니다. 하나님 앞에서나 사람 앞에서 참으로 파렴치한 만행을 저지르고 있는 것입니다.

기회주의자들의 특징이 있습니다. 그들은 철저히 개인주의입니다. 자기만의 유익을 챙깁니다. 공동체의 번영과 안위는 생각지 않습니다. 그 결과가 좋겠습니까? 아닙니다. 반드시 망하는 것입니다.

가룟 유다를 볼까요?

마리아가 기회를 선용하는 그 시간에 유다는 마귀의 조종을 받는 기회주의자가 됩니다. 마가복음 14:10~11절에서는 가룟 유다에 대해 이렇게 기록하고 있습니다.

"열둘 중의 하나인 가룟 유다가
예수를 넘겨 주려고 대제사장들에게 가매,
그들이 듣고 기뻐하여 돈을 주기로 약속하니
유다가 예수를 어떻게 넘겨 줄까 하고
그 기회를 찾더라."

'기회를 찾더라.' 기회를 악용하는 전형적인 모델입니다. 자기 이익을 챙기기 위하여 하나님의 뜻을 저버리는 자의 모습을 명하게 그려 놓았습니다. 이와 같은 사람들을 성경은 무엇이라고 표현했는지 아십니까? 로마서 16:18의 말씀입니다.

"이같은 자들은
우리 주 그리스도를 섬기지 아니하고
다만 자기들의 배만 섬기나니
교활한 말과 아첨하는 말로
순진한 자들의 마음을 미혹하느니라."

이처럼 기회를 악용하는 자들에게 하나님은 시편 37:32~33을 통해 이렇게 경고하셨습니다.

"악인이 의인을 엿보아 살해할 기회를 찾으나,
여호와는 그를 악인의 손에 버려 두지 아니하시고
재판 때에도 정죄하지 아니하시리로다."

예, 그렇습니다. 하나님께서는 반드시 당신께서 종국에 그들을 어떻게 판결하실 것인지 밝혀놓고 계십니다. 당장 아무 징계가 없다고 안심하고 악을 행하지 마시기 바랍니다.

2. 주어진 기회는 선용해야 합니다.

26절 이하는 아브넬이 이 아무 유익 없는 싸움을 그치자는 휴전을 제안합니다. 그러자 요압이 주어진 이 기회를 선용하는 내용입니다.

물론 성경학자에 따라서는 요압이 아브넬을 처치할 기회를 놓친 것으로 해석하는 경우도 있습니다. 그러나 성경의 흐름을 보면 동족

상잔의 혈극을 더 이상 이어 가지 않도록 휴전하는 것을 선택한 요압의 기회 선용이 옳다고 보는 것입니다.

물론 아브넬의 행위를 보면 당장 죽여 마땅합니다. 그러나 요압은 아브넬의 휴전 제의를 받아들입니다. 그렇게 함으로써 사울의 추종자들과 다윗의 추종자들 간에 더 이상의 전쟁이 이어지지 않게 된 것은 참으로 현명했습니다.

이렇게 기회는 아름답게 선용되어야 합니다. 이 기회들에 관하여 우리에게 권면하시는 하나님의 말씀이 갈라디아서 6:10에 있습니다.

"그러므로 우리는 기회 있는 대로
모든 이에게 착한 일을 하되
더욱 믿음의 가정들에게 할지니라."

하나님은 기회를 선용하는 범위를 '모든 이에게'라고 말씀하셨습니다. 그것은 원수까지도 포함한 범위입니다. 하물며 같은 동족끼리 명분 없는 싸움으로 고귀한 생명을 죽여서야 되겠습니까. 요압은 더 이상 이런 살육을 하고 싶지 않았던 것입니다.

그렇습니다. 우리는 주어지는 모든 기회를 선용할 줄 알아야 합니다.

창세기 4장에는 가인과 아벨의 이야기가 있습니다. 형 가인은 동생 아벨과 충분히 우애 있는 생활을 할 수 있었습니다. 그러나 그는 아름다운 기회를 잃어버리고 맙니다. 오히려 악행을 저지릅니다. 그는 자신의 동생을 돌로 쳐 죽였습니다.

이 엄청난 실수를 깨우치시려고 하나님은 가인에게 “네 아우 아벨이 어디 있느냐?” 하고 물으셨습니다. 그러자 가인은 자신의 과오를 인정하고 죄를 뉘우치는 것이 아니었습니다. 오히려 적반하장입니다. “내가 내 아우를 지키는 자입니까?”라고 감히 하나님께 항변합니다.

하나님께서 가인이 자신의 동생 아벨을 죽인 살인자라는 것을 몰라서 그에게 물으셨겠습니까?

아닙니다. 비록 그가 살인자이지만 그래도 그에게 다시 한 번 기회를 주고자 하신 것입니다. 그럼에도 이 어리석은 가인은 하나님의 뜻을 깨닫기는커녕 거짓말을 합니다. 그것도 도를 넘어 항변을 하고 맙니다. 참으로 가소롭기 그지없는 모습입니다. 딱합니다. 그러면서 또 한 번 기회를 잃어버립니다.

그 결과가 무엇입니까? 예, 그렇습니다. 결국 저주를 받습니다.

민수기 22장의 발람은 선지자의 사명을 수행할 기회를 잃고 물질에 눈이 어두워져 버렸습니다. 하나님은 나귀를 통해 발람을 깨우치려고 하셨습니다. 그러나 발람은 또 다시 선지자의 사명을 수행할 두 번째 기회를 맞았음에도 결국 물질에 눈이 어두워 그 기회를 잃어버리고 맙니다. 그러면서 유다서에 기록된 저주받은 세 사람 중의 하나가 되고 말았습니다.

열왕기상 18장에서도 동일한 상실의 일들이 일어납니다. 갈멜산 꼭대기의 엘리야와 바알 선지자들의 기도 대결 장면입니다. 이때야말로 아합 왕이 지난날의 허물과 죄악을 회개하고 하나님 신앙을 회복할 두 번째 기회였습니다. 그러나 아합은 오히려 이세벨의 간언(奸言)에 넘어가 하나님의 저주를 받게 됩니다. 그리고 악한 왕으로 그 생을 마칩니다.

역대기하 26장의 웃시야 왕은 십육 세에 왕이 되었습니다. 그는 여호와 보시기에 정직히 행하였습니다. 선정을 베풀었습니다. 그러나 그가 강성하자 그만 마음이 교만하고 맙니다. 그러면서 제사장 고유의 분향의식을 자신이 행하려고 합니다. 이 때 아사랴 제사장을 중심으로 한 80명의 제사장이 그의 행위를 막습니다. 이때가 그에게는 두 번째 선정(善政)으로 나아갈 수 있는 절호의 기회였습니다. 그러나 그 또한 교만이 극에 닿아있었던 탓에 오히려 제사장을 향하여 노를 발하는 어리석음을 드러냅니다. 그 순간 하나님께서 웃시야를 치시고 그의 몸은 나병이 발합니다. 그는 나병환자로 부정하게 되어 죽는 날까지 별궁에 갇히는 저주받은 존재가 되었습니다.

그러나 연약한 인간의 한계를 극복하지 못하고 비록 하나님 앞에서 범죄 하였을 지라도 회개를 통해 용서받을 기회를 잃지 않고 선용한 사람들도 있습니다.

사무엘하 12장에서 다윗이 밧세바와 동침하고 죄를 범하였을 때 하나님은 나단 선지자를 보냅니다. 그리고 다윗의 그 죄를 추궁하고 책망하셨습니다. 이때가 다윗에게 있어서 두 번째 기회였습니다. 다윗은 이 기회를 놓치지 않고 회개합니다. 그리고 하나님의 용서를 받고 선왕(善王)으로 나아가 일생을 아름답게 마쳤습니다.

바울은 하나님을 믿는 유대인이었습니다. 그러나 기독교인을 잡아 죽이는데 앞장 서며 진정한 하나님의 일을 할 수 있는 기회를 잃어버리고 있었습니다. 그러다가 다메섹 도상에서 주님을 만난 두 번째 기회를 통하여 회개합니다. 그리고 오고 오는 세대까지 영원히 위대한 사도가 되는 축복을 받았습니다.

우리는 죄가 기회를 타서 내 안에 들어와 탐심을 이루지 않도록 기도해야 합니다. 하나님의 교회에서 신앙생활을 하면서 예수를 넘겨줄 기회를 찾던 가룟 유다처럼 되지 않도록 기도해야 합니다. 자신의 잘못을 회개하여 벗으려 하지 않고 다른 사람의 허물을 잡아 고통하게 하는 기회를 찾는 죄를 범하지 않도록 간절히 기도해야 합니다.

기도할 기회를 잃어버리면 안 됩니다. 봉사할 기회를 잃어서도 안 됩니다. 헌금할 기회, 선행 할 수 있는 기회, 구제할 수 있는 기회를 잃어서도 안 됩니다. 선교할 수 있는 기회, 용서할 수 있는 기회, 회개할 기회를 절대로 잃어서도 안 됩니다.

오직 일마다 때마다 모든 기회를 선용하며 깨어 있어야 합니다. 그래서 언제나 하나님의 사랑과 은혜 안에서 복된 삶을 살아가야 합니다. 그것이 예수 그리스도를 구주로 섬기며 믿는 성도, 우리의 삶이어야 합니다.

기회는 흐르는 강입니다. 현명한 자는 기회를 찾기보다는 기회를 창조합니다. 비관론자는 기회를 문제로 만드는 사람입니다. 그러나 낙관론자는 그의 문제를 기회로 삼는 사람입니다.

기회주의자는 선한 사람도 악하게 만듭니다. 그러나 기회를 선용하는 사람은 실수도 위대한 인간이 되는 기회로 재창조합니다.

누구나 한 번은 실수를 합니다. 죄를 범하고 잘못을 저지릅니다.

그러나 하나님은 그것 때문에 그를 멸망시키시는 것은 아닙니다. 오히려 하나님은 다시 한 번 지난날의 허물과 잘못을 돌이켜 더 좋은 삶을 살기를 원하십니다.

잘못을 저질러 위기에 처했습니까? 그렇다면 그 시간을 선용하십시오.

위기(危機)라는 말은 두 가지 의미를 갖고 있습니다. 즉 위험(危險)과 기회(機會)라는 두 가지입니다. 무엇을 선택해야 할지는 이미 말씀드렸습니다.

아라비아의 속담에는 '돌아오지 않는 것' 네 가지가 있다고 합니다. 그 첫째가 '화살' 입니다. 이것은 과녁을 향해 겨누고 활시위를 당겨 한번 쏘면 곧장 겨눈 지점을 향해서만 날아가기 때문입니다. 둘째는 '급하게 내뱉은 말' 입니다. 이것은 다른 사람의 마음에 크고 작은 상처로 남습니다. 그러므로 '급하게 뱉어낸 말' 도 다시는 돌이킬 수가 없습니다. 셋째는 '지나간 시간' 입니다. 이미 지나가 버린 세월 속에 새겨진 과거는 절대로 되돌릴 수 없기 때문입니다. 넷째가 바로 '황금과 같은 기회' 입니다. 우리가 아무리 잃어버린 기회에 대해 슬퍼해도 한번 가 버린 기회는 영원히 다시 돌아오지 않습니다. 아무리 애를 써 봐도 두 번 다시 돌아오지 않습니다.

하나님은 이 세상 누구에게나 공평하게 주신 것이 있습니다. 그것은 바로 시간입니다. 하루 24시간 1,440분입니다. 1주일 168시간입니다. 1년 365일, 8,760시간을 모든 이에게 똑같이 주셨습니다. 이 시간을 선용하시기 바랍니다.

성공의 기회도 골고루 주셨습니다. 그 성공의 기회를 선용하시기 바랍니다. 복 받을 기회를 선용하시기 바랍니다. 이렇게 내게 다가온 기회를 선용하는 것도 중요합니다. 그러나 또한 두 번째 기회, 회개할 기회를 놓치지 않는 것도 참으로 중요합니다.

예수님의 이름으로 권면합니다. 회개할 기회를 놓치지 마십시오. 섬기고 봉사할 기회도 놓치지 마십시오. 용서할 기회도 놓치면 후회합니다. 구원 받을 기회도 놓치면 안 됩니다.

오늘이라는 시간에 당신 앞에 주어진 기회는 무엇입니까?

그 모든 기회들을 선용하시는 하나님의 기뻐하시는 사람들이 되시기를 예수님의 이름으로 축복합니다. 아멘!

5

가문의 쇠퇴와 번영

“사울의 집과 다윗의 집 사이에
전쟁이 오래매
다윗은 점점 강하여가고
사울의 집은 점점 약하여 가니라
〈사무엘하 3:1~5 중〉.”

5. 가문의 쇠퇴와 번영

가문의 쇠퇴와 번영에 관계된 두 사람의 이야기를 인터넷 검색에 들어가 찾아보았습니다. 그 내용이 조금씩 다르긴 했지만 두 가문을 쉽게 찾을 수 있었습니다. 그중의 한 사람은 '조나단 에드워드(Jonathan Edwards)' 이고 또 한 사람은 '맥스 쥬크(Max Jukes)' 입니다.

조나단 에드워드는 1703년 10월 5일 '코네티컷' 주(州)의 이스트 윈저에서 태어났습니다. 아버지 티모시 에드워드 목사와 어머니 에스더의 11자녀 중 5번째로 태어난 외아들이었습니다. 가난한 목사의 아들로 태어났지만 경건한 여인 '사라 피어폰트' 와 결혼했습니다. 그리고 항상 하나님을 경외하는 믿음의 가정을 이루고 믿음 제일주의로 자녀를 양육했습니다.

150년이 지난 후 그 후손들 5대를 조사해 보았습니다. 873명의 후손 가운데 부통령 1명, 주지사 3명, 하원의원 3명, 상원의원 2명, 대학총장이 13명, 판사가 33명, 검사가 15명, 변호사가 149명, 목사 선교사가 116여명, 사업가가 75명, 발명가가 25명, 교수가 66명, 의사가 68명, 고위공무원이 82명, 그 외에 장로와 집사도 286명이나 되었습니다.

그와 동 시대를 산 '맥스 쥬크(Max Jukes)'는 행실이 좋지 않은 사람이었습니다. 그는 배우자 또한 행실이 좋지 않은 여성을 만나 결혼하였습니다. 그는 돈은 많으나 하나님을 반대하고, 술을 즐기며, 제멋대로 세상을 살았습니다. 그의 후손을 조사해보았더니 1,292명이나 되었습니다. 그런데 그들 중 유아 때 사망한 사람이 309명, 직업적인 거지가 310명, 불구자가 440명, 매춘부가 50명, 도둑이 60명, 살인자가 70명, 평범하게 살아가는 사람이 53명이었습니다. 그 가운데 오직 20여명만이 장사를 했는데 그 중에서도 10명은 감옥에서 배운 기술로 장사를 했다고 합니다.

쥬크 후손들의 교화와 수감을 위해 미국 정부에서는 1억 2천 5백만 불, 약 천 몇 백억을 낭비했다는 것입니다.

어느 나라, 어느 가정에나 위대한 인물이 있습니다. 반면 그렇지 못한 인물도 있기 마련입니다. 그런 중에 이 두 가정의 예는 참으로 많은 것을 생각하게 하는 계보와 인물 이야기입니다. 그러면서 하나님을 가까이 하는 가정과 그렇지 않은 가정의 현격한 차이를 생각하며 사무엘상 2:30 말씀을 생각합니다. 이 말씀은 우리 그리스도인들이 항상 마음에 새기고 날마다 묵상해야 할 말씀입니다.

"나를 존중히 여기는 자를 내가 존중히 여기고
나를 멸시하는 자를 내가 경멸하리라."

이 말씀을 다르게 표현하면 '하나님과 코드가 맞는 사람과 맞지 않는 사람'이라고 할 수 있겠습니다. 같은 표현이 출애굽기 20:5~6에도 기록되어 있습니다.

"나 네 하나님 여호와는 질투하는 하나님인즉
나를 미워하는 자의 죄를 갚되 아버지로부터
아들에게로 삼사 대까지 이르게 하거니와,
나를 사랑하고 내 계명을 지키는 자에게는
천 대까지 은혜를 베푸느니라."

그 뜻이 아주 간단명료한 말씀입니다. "하나님을 미워하는 자와 하나님을 사랑하는 자에 대한 처우"라는 것입니다. 하나님을 미워하는 자 때문에 그 가문이 몰락하고 하나님을 사랑하는 자 때문에 그 가문이 천대까지 복을 받으리라는 말씀입니다.

이 말씀을 우리 자신에게 대입하면 우리의 마음자세와 삶의 자세도 간단하게 정리할 수 있습니다. 가문이 나로 인해 몰락하든지 아니면 나로 인해 흥왕하든지 둘 중의 하나입니다. 참으로 간단명료합니다.

인생과 가문의 흥망성쇠가 이렇게 구별되어 있는데 앞뒤 잴 필요가 뭐 있겠습니까. 뭘 더 재고하겠습니까. 하나님을 사랑하여 나로 말미암아 우리 가문이 복을 받아야 하지 않겠습니까? 예, 복을 받아야지요.

부전자전(父傳子傳)이라는 말이 있습니다. 사전적인 의미는 '대대로 아버지가 아들에게 전한다'는 말입니다. 그렇게 전하는 것이 축복이어야지 저주가 이어져 가게 해서야 되겠습니까?

그런 가문이 되어서는 안 됩니다. 누구도 그런 것을 대물려 주고 싶은 사람은 없을 것입니다.

사무엘하 강해 말씀 5편의 제목을 〈가문의 쇠퇴와 번영〉이라고 한 데는 다 이유가 있습니다. 〈가문의 번영과 쇠퇴〉라는 문장은 언뜻 볼 때 구조적으로 점점 나빠지는, 슬프고 아프고 힘든 절망적인 표현처럼 보입니다. 반대로 〈가문의 쇠퇴와 번영〉은 힘들고 어렵지만 점점 좋아지는 희망적인 표현처럼 느껴집니다. 그래서 제목을 '가문의 번영과 쇠퇴'가 아닌 '가문의 쇠퇴와 번영'으로 선택했습니다.

전자는 엘리제사장의 가문에 대한 요약입니다. 그리고 후자는 사무엘의 가문입니다. 또한 전자는 사울의 가문이고 후자는 다윗의 가문입니다.

사무엘상서를 통해 엘리의 가문과 사무엘의 가문의 흥망성쇠를 살피며 가슴깊이 새길 교훈을 받았습니다. 제사장이라는 말로 다 표현할 수 없는 신분의 복을 받은 엘리 가문이 서서히 몰락해 가는 장면을 사무엘상 2장 이하에서 한편의 드라마처럼 분명하게 보았습니다.

사무엘상 강해 설교를 들으신 분과 책으로 나온 것을 읽으신 분들이 그 장에서 몸에 소름이 돋고 마음이 후들거리는 것을 느꼈다는 말씀들을 하셨습니다.

엘리 가정은 하나님으로부터 복 받은 가정이었습니다. 제사장의 직분을 통해 성경의 중심에 있게 되는 번영하는 가문이었습니다.

사무엘상의 서두에는 그 엘리 가문이 점점 쇠퇴해 가는 과정이 너무도 생생하게 기록되어 있습니다. 또한 그와 반비례하는 사무엘의 시대가 열리는 것도 낱낱이 기록하고 있습니다.

엘리 가문의 쇠퇴가 어떻게 진행되었습니까?

엘리 제사장의 아들들의 타락한 상황은 거론하기조차 하나님 앞에 죄송스러운 내용입니다. 제사장의 아들들이 불량자로 자랐다고 했습니다. 엘리의 아들들은 행실이 나빠 여호와를 알지 못하더라고 했습니다. 성전에서 하나님께 드려지는 예물을 제 멋대로 사용하는 무서운 죄를 범했습니다. 하나님께 드리는 제사를 멸시했습니다. 성전에서 시중드는 여인들과 동침을 하는 타락한 생활을 했습니다. 그들의 악행이 백성들에게까지 알려졌습니다. 게다가 엘리의 아들들은 아버지의 말도 듣지 않았습니다.

중요한 것은 이런 상황에도 제사장 엘리는 자식들의 이와 같은 행위에 대하여 책망하지 않고 귀여워했다는 것입니다.

이 세상에 자식을 사랑하지 않는 부모가 어디에 있겠습니까. 모든 부모는 자식을 사랑합니다. 그러나 아무리 사랑스러워도 순서가 있습니다. 그 무엇보다도 첫째가 하나님입니다. 그리고 자식은 그 다음이어야 합니다. 사무엘상 2:29에서 하나님은 엘리를 향해 가슴 아픈 말씀을 하셔야 했습니다.

"너희는 어찌하여 내가 내 처소에서 명령한
내 제물과 예물을 밟으며
네 아들들을 나보다 더 중히 여겨
내 백성 이스라엘이 드리는 가장 좋은 것으로
너희들을 살지게 하느냐"

이 말씀은 참으로 무서운 책망의 말씀입니다. 그리고 이 말씀은 지금 우리에게 하시는 하나님의 말씀입니다.

2장에서는 가정의 쇠퇴의 원인을 밝히시고 3장에서는 가정의 쇠퇴를 경고하셨습니다. 그리고 4장에서는 그 경고가 구체화 되면서 엘리의 가정은 몰락해 갔습니다. 한 가문의 쇠퇴 현상을 성경은 너무도 생생하게 기록해 놓았습니다.

엘리 가문의 팔이 끊어졌습니다. 힘을 꺾고 권세를 빼앗고 후손들은 조사(早死)하는 심판이 내려졌습니다. 두 아들 홉니와 비느하스가 한 날에 죽었습니다. 엘리는 성전에서 의자에 앉아 있다가 아들들이 참가한 전쟁이 패했다는 보고를 듣고 넘어져 목이 부러져 죽었습니다.

그 때 며느리가 해산을 하다가 죽습니다. 죽으면서 낳은 아이 이름을 '이가봇'이라고 합니다. 하나님의 영광이 떠났다는 뜻입니다.

그렇게 엘리 집안은 후손들이 걷잡을 수 없이 무너지는 도미노처럼 무너져갔습니다. 처참하게 되어 완전히 가문이 몰락을 했습니다. 다른 백성들이 하나님의 복을 받을 때 엘리 가문은 화를 겪게 되었던 것입니다.

엘리의 가문처럼 사울의 가문이 쇠퇴해가는 내용을 우리는 사무엘하 2장까지 살펴보았습니다. 영광스럽던 가문이 점점 몰락해 가는 과정은 엘리나 사울이 똑 같았습니다.

하나님을 사랑하면 번영하고 하나님을 미워하면 몰락하는 것입니다. 그런 의미에서 우리는 본문 1절 말씀을 깊이 묵상하면서 읽어야 할 것입니다.

"사울의 집과 다윗의 집 사이에 전쟁이 오래매
다윗은 점점 강하여 가고
사울의 집은 점점 약하여 가니라."

사울의 가문은 서서히 몰락해 가고 있고 다윗의 가문은 서서히 흥왕해 가는 내용입니다.

어느 가정을 무론하고 가문이 번영하는 것은 귀하고 복된 일이 아닐 수 없습니다. 이 시간 말씀 앞에 있는 여러분 모두의 가정과 삶이 사무엘과 다윗의 가정처럼 번영하고 복되시기를 예수님의 이름으로 축복합니다. 아멘!

본문 1 절 말씀에서 몇 가지 용어의 내용을 살펴볼 필요가 있습니다.

첫째, '다윗과 사울의 집'

다윗의 집과 사울의 집을 대립시킨 것이 주 내용입니다. 그런데 그 내용을 주목해 보면 '두 집'이 아니라 다윗 한 개인을 강조하면서 사울의 집 전체를 대립시키고 있는 것을 볼 수 있습니다. 즉 '다윗'과 '사울의 집'이라고 말씀하고 계십니다.

이것에 주목해야 할 필요가 있습니다. 왜냐하면 사울 집안의 쇠퇴 정도를 더 강조하는 것을 드러내는 것이기도 하지만 개인 다윗을 향한 하나님의 사랑과 계획과 도우심을 나타내는 것이기 때문입니다. 5:10에서는 이 사실을 더욱 확실하게 증거 해 주고 있습니다.

"만군의 하나님 여호와께서 함께 계시니
다윗이 점점 강성하여 가니라."

실제로 성경을 살펴보면 다윗 왕국의 출발과 과정, 그리고 완성은 모두 다윗과 함께 하신 하나님의 역사였음을 볼 수 있습니다.

둘째, '가고와 가니라'

'가고(홀레크, holeek)'와 '가니라(홀레킴, הֹלְכִים)'의 원문은 '걸어가다'라는 뜻의 동사 '할라크(הָלַךְ[haw-lak'])'의 능동 분사형입니다. 능동 분사형이란 다른 곳에 동작을 미치게 하는 동사의 형용사적 형태입니다. 즉 그 의미와 형태상 일시적인 행동 묘사가 아니라 계속적으로 진행되어지는 삶의 전반적인 모양을 표현한 것입니다. 다시 말하면 사울의 걸어가는 인생길과 다윗의 걸어가는 인생길을 비교하고 있는 것입니다.

여기서 깊이 새겨야 할 내용은 오늘 우리의 인생 걸음은 어떠한가를 돌아보는 것입니다. 그러므로 앞서 살펴본 대로 혹 나는 엘리와 사울 같은 삶의 길을 걷고 있지는 않은가 돌아보아야 합니다.

대부분의 사람은 보편적으로 자기 인생을 편하고 쉽게 살려고 하는 경향이 있습니다. 그러나 그것은 가시적인 현재의 인생행보입니다.

역사의 위대한 인물들의 공통점은 인생길을 편하게 걸은 사람이 거의 없다는 것입니다. 그들은 힘들고 어려운 길을 걸었습니다. 고난과 역경의 길이었습니다. 그렇지만 그 길을 걸어서 역사에 위대한 업적을 남겼습니다. 그 걸음은 미래지향적인 행보였습니다.

지금 잠시 하던 것을 멈추고 생각해 보십시다. '나는 혹시 엘리처럼, 사울처럼 살아가고 있지는 않은가? 지금 나는 다윗처럼 걸어가고 있는가?'

모든 것을 멈추고 꼭 다시 한 번 깊이 자신의 삶의 걸음을 돌아보시기 바랍니다.

예수님도 가치 있는 삶의 길을 마태복음 7:13~14절을 통해 깨우쳐 주셨습니다.

"좁은 문으로 들어가라
멸망으로 인도하는 문은 크고
그 길이 넓어 그리로 들어가는 자가 많고,
생명으로 인도하는 문은 좁고
길이 협착하여 찾는 자가 적음이라."

교회생활도 사회생활과 크게 다를 바가 없습니다. 힘들고 어렵고 고달픕니다. 때로는 욕도 먹고 득 볼 것도 없습니다. 그럼에도 불구하고 오직 하나님의 은혜를 생각하면서 묵묵히, 열심히 헌신하고 봉사하는 분들로 인해 교회는 부흥하고 평안하며 든든히 서 가는 것입니다.

미안한 표현이지만 직분의 이름만 갖고 교회에서 아무 일도 하지 않는 사람들도 있습니다. 그저 주일 한 시간 예배만 참석하는 그런 사람도 있습니다. 그것이 당장에는 편할지도 모릅니다. 쉬울지도 모릅니다. 그러나 그렇게 사는 것이 결코 좋은 것만은 아니라는 것을 오늘 본문을 통해서도 깨달을 수 있습니다.

목회도 똑 같습니다. 편하게, 쉽게, 대충대충 하면서도 갈 수 있습니다. 또 반대로 힘들고 어렵지만 의미 있고 보람 있게, 주님께서 기뻐하시는 길로 갈 수도 있습니다. 선택은 은혜 받은 자의 순종의 결정입니다.

역사를 거울로 볼 줄 아는 혜안이 있어야 자기의 삶을 바르게 걸어갈 수 있습니다. 보람 있는 삶을 위하여 오늘의 아픔과 역경도 얼마든지 극복할 수 있습니다.

지금 어떻게 걷고 있는가?

이것은 매우 중요한 질문입니다. 이제 그 가는 걸음의 과정과 결과를 좀 더 깊이 살펴보려고 합니다.

셋째, '강하여'와 '약하여'

사울의 집과 다윗의 집이 어떻게 되어가고 있는가를 나타내는 말씀입니다. 여기서 '사울의 집은 점점 약하여 가고 다윗은 점점 강하여 가고 있다'는 것을 분명하게 기록하고 있습니다.

"다윗은 강하여 가고"의 '강하다(하자크 חָזַק [khaw-zake'])'는 다윗의 상황이 정치적, 경제적, 사회적으로 강해졌다는 의미입니다. 반면에 "사울의 집은 약하여 가니라."의 '약하다(דַּל [dal] 달)'는 말은 '가난한, 천한'이라는 뜻을 갖고 있습니다. 이는 다윗과는 상대적으로 사울의 정치적, 경제적, 사회적 신분까지 약해져 간 것을 표현한 것입니다.

이 부분에서 원문에는 없는 '점점'이라는 말을 한글개역이나 개정에서는 첨가를 하여 번역을 했습니다. 이것은 '가니라'의 '할라크(הָלַךְ [haw-lak'])'라는 동사의 뜻을 살리려는 의도로 번역을 했습니다. 그러니까 우리말로는 '갈수록'이라는 말도 좋은 표현이 되겠습니다. 즉 사울의 집은 갈수록 몰락해 가고 다윗의 집은 갈수록 번영해 가고 있다는 것을 표현한 것입니다.

지금 여러분 자신은 어떠십니까? 여러분의 가정은 어떠십니까? 섬기시는 교회는 또 어떻습니까?

우리가 섬기는 교회가 갈수록 더 부흥하고 평안해야 합니다. 여러분의 가정이 갈수록 더 번영해야 합니다. 여러분 개인 개인도 갈수록 더욱 좋아져야 합니다. 이렇게 될 수 있는 것은 하나님을 사랑할 때 가능한 것입니다.

한 사람 때문에 가문이 몰락하기도 합니다. 그러나 또 한 사람 때문에 가문이 번영하기도 합니다. 한 사람 때문에 교회가 황폐하게 되기도 합니다. 또 한 사람 때문에 교회가 부흥하고 평안하게 되기도 합니다. 한 사람 때문에 국가가 몰락하기도 합니다. 그러나 다른 한 사람으로 인하여 국가가 번영하기도 합니다.

이번 본문의 주제가 되는 사울의 가문과 다윗의 가문을 통해 우리 각자에게 말씀하시는 하나님의 음성을 들으시고 유의하여 사시기를 바랍니다. 사울의 길을 걸었다면 멈추십시오. 버리십시오. 돌아서십시오. 그리고 다윗과 같은 믿음의 길을 걸으십시오. 복 있는 자의 걸음을 걸으십시오. 꼭 그래야 합니다.

우리 모두의 가문이 번영하기를 바랍니다. 평안하시기를 바랍니다. 복에 복을 받으시기를 예수님의 이름으로 축복합니다. 거룩하신 아버지 하나님의 사랑 안에서 좁을 길을 걷는 자들의 삶을, 우리 주 예수님이 인도하시고 성령님이 동행하실 것입니다. 아멘!

6

선한 근본이 없는 사람

"이스보셋이 아브넬에게 이르되

네가 어찌하여

내 아버지의 첩을 통간하였느냐

〈삼하 3:6~21중〉."

6. 선한 근본이 없는 사람

2007년도 교수신문에서는 한 해를 정리하는 사자성어로 '자기기인(自欺欺人)'이 선정됐다고 발표했습니다. 이 결과는 교수신문 필진과 주요 일간지 칼럼니스트, 주요 학회장, 전국 국립 및 사립대 교수회 회장 등 340명을 대상으로 설문조사를 실시한 것이었습니다. 이 말은 거짓으로 가득 찬 세태를 아주 적절하게 풍자한 말입니다.

'자기기인(自欺欺人)'이란 '자신을 속이고 남을 속인다'는 뜻입니다. 또 이 말은 주자의 어록을 집대성한 '주자어류(朱子語類)'와 불경(佛經)에 자주 등장하는 사자성어이기도 합니다. 이 말은 거짓으로 가득 찬, 도덕 불감증의 세태를 적절하게 풍자한 말이기도 하지만, 망언(妄言)을 경계하는 의미로도 널리 쓰였습니다.

언제나 국가 정책과 관련한 정부와 여야 간의 설전(舌戰)을 보고 있노라면 '자기기인'이라는 사자성어를 자주 떠올리곤 합니다. 우리 같은 서민들이야 뭘 알겠습니까만 세종시와 4대강 사업 문제를 두고 벌이는 여야 간의 설전은 천만 번을 생각해 보아도 도에 넘친 욕망의 분출로 느껴집니다.

이런 요즈음 우리 현실을 두고 상용되는 사자성어가 많이 있습니다. 그 중에는 '산중수복(山重水複)'이라는 말도 들립니다. 이는 갈 길은 먼데 길은 보이지 않고 난제가 가득한 형국을 의미하는 말입니다. '목불인견(目不忍見)'이라고도 합니다. 즉 눈앞에 벌어진 상황 따위를 차마 눈을 뜨고 볼 수 없는 상태라는 것입니다. '도행역시(倒行逆施)'라는 말도 합니다. 도리에 순종하지 않고 일을 억지로 한다는 말입니다.

사람이란 '그 다운 것'이 있어야 자존감과 살아가는 맛이 있는 것입니다. 그런데 작금의 현실은 그 어디를 둘러보아도 '그 다운 것'이 보이지를 않습니다.

'답지 못하다'는 말을 쓸 때는 그 사람의 됨됨이가 가치 없이 되었다는 것입니다. 이는 곧 근본이 제대로 되지 못한 사람이라는 뜻입니다. 사람이 사람답지 못할 때면 짐승 같다는 말을 듣습니다. 사람으로서 근본이 잘못되었다는 뜻이기도 합니다. 이런 근본이 되지 못한 사람을 두고 '제 천성 고치기 어렵다'고들 합니다.

이렇듯 본질이 나쁜 사람을 빗대어 상용하는 속담도 많이 있습니다. "개 꼬리 삼 년 두어도 황모(黃毛) 안 된다.", "오그라진 개꼬리 대봉통에 삼년 두어도 아니 펴진다.", "검둥개 목욕시킨 것 같다.", "강아지는 방에서 키워도 개가 된다.", "집에서 새는 바가지 나가서도 샌다." 등 등.

그러고 보면 요즈음 우리 정치나 사회 일각의 현실이 이런 속담을 참 잘 반영하고 있는 듯해서 마음이 서글픕니다.

오늘 본문 말씀은 이와 같은 사자성어들을 종합해 놓은 것 같은 한 인간의 모습을 잘 그려주고 있습니다. 그 사람이 바로 '아브넬'이라는 사람입니다.

그는 사울의 군대장관입니다. 사울 왕이 죽자 왕의 무능한 아들 이스보셋을 왕으로 옹립하고 사실상 그 실권은 자신이 쥐었습니다. 그리고는 기고만장해 갔습니다. 그런 아브넬은 이스라엘의 군장으로서 저지르지 말아야 할 중대한 몇 가지 범죄를 저지릅니다. 그것을 나열하면 다음과 같습니다.

6절에서 아브넬은 자기를 위하여 권세를 잡았습니다. 7절에서는 자기가 섬겼던 군왕 사울의 첩 '리스바'를 취했습니다. 8~9절에서는 이 사실을 알고 책망하는 이스보셋을 향해 공갈협박을 합니다. 죄를 범하고도 분을 못 이겨하며 이스라엘을 다윗에게 넘기겠다고 광분합니다. 그리고는 마침내 17절 이하에서는 자신의 군왕을 배반하고 다윗을 찾아가 백기를 들고 항복합니다.

이런 사람을 자기기인(自欺欺人)이라고 합니다. 이 사람 아브넬이 한 행동은 대책 없는 치졸스러운 인간의 대표적인 행동입니다.

물론 역사는 하나님의 섭리 안에서 진행되고 있습니다. 그러나 아브넬이라는 부정적인 인물을 통하여 자신만을 위해 발버둥치는 수치스러운 한 인간의 모습을 본다는 것은 그리 유쾌한 일이 아니라는 것입니다. 참으로 슬픈 일입니다.

이런 사람을 또 다른 말로는 '선한 근본이 없는 사람'이라고 합니다. 삶의 기준이 철저하게 자기 자신을 위해서입니다. 옳고 그름, 사리분별의 판단 기준도 오직 자기 자신의 잣대로만 결정합니다. 그렇기 때문에 그의 행동철학은 선과 의가 구별이 없이 동물적입니다.

사람으로 창조되었다는 것은 이 세상 그 무엇에도 비길 수 없는 존귀한 것입니다. "존귀하나 깨닫지 못하는 사람은 멸망하는 짐승 같도다"(시49:20). 짐승에게는 인간적인 윤리와 도덕, 그리고 양심이 없습니다.

사람을 왜 사회적인 동물이라고 하는 지 아십니까?

그것은 사람이란 공동체 안에서 태어나 공동체 안에서 살다가 공동체 안에서 그 생을 마감하기 때문입니다.

그래서 한문에서는 인간(人間)이라는 문자를 '사람 인(人)' 자와 '사이 간(間)' 자를 써서 사람은 사람 사이에서 살아가는 존재라는 것을 나타내고 있습니다.

'사람답다'는 말이 무슨 뜻입니까?

보편적으로 사람과 사람 사이에 도덕과 윤리와 규범을 지키면서 사람답게 살아갈 때 '사람답다'고 합니다.

성경은 사람을 가장 사람답게 살도록 하는 근본을 가르칩니다.

사람과 사람이 함께 세상을 살아가노라면 여러 가지 갈등과 어려움을 겪게 됩니다. 그러면 그 사이에는 반드시 가해자와 피해자가 있기 마련입니다. 그런 가해자와 피해자 간의 윤리와 도덕이 상호간에 정당하게 실현될 때 그들을 사람답다고 합니다.

그러나 만약 그것이 부당하게 처리된다면 우리 사회는 짐승과 다를 바 없는 일들이 전개되는 것입니다.

성경에서는 가해자와 피해자 사이에 전개되는 다양한 문제에 대하여 어떻게 가르치고 있을까요?

먼저 구약의 역사 속에 나타나는 인간관계의 윤리와 도덕에 대한 규범을 살펴보도록 하겠습니다. 출애굽기 21:23~25을 먼저 살펴보겠습니다.

"그러나 다른 해가 있으면 갚되
생명은 생명으로, 눈은 눈으로, 이는 이로, 손은 손으로, 발은 발로,
덴 것은 덴 것으로, 상하게 한 것은 상함으로,
때린 것은 때림으로 갚을지니라."

이 법을 '렉스 탈리오니스(Lex Talionis)' 즉 동해보복법(同害報復法), '탈리온 법'이라고 합니다. 동일한 대가로 갚는 법입니다. 쉽게 말하면 내가 당한대로 되갚아준다는 것입니다. 구약의 이 법을 조금 더 묵상해 보면 가해자를 주체로 하여 설명하고 있다는 것을 발견하게 됩니다.

그런데 신약에 와서 예수님은 이 법의 보완된 법을 말씀하셨습니다. 구약의 동해보복법이 가해자 중심으로 설명되어 있다면 예수님의 보완법은 피해자 중심으로 설명되고 있습니다. 그것이 마태복음 5:38~42의 말씀입니다.

"누구든지 네 오른편 뺨을 치거든 왼편도 돌려 대며,
또 너를 고발하여 속옷을 가지고자 하는 자에게
겉옷까지도 가지게 하며,

또 누구든지 너로 억지로 오리를 가게 하거든
그 사람과 십 리를 동행하고,
네게 구하는 자에게 주며 네게 꾸고자 하는 자에게 거절하지 말라."

이것을 '사랑의 법'이라고 합니다. 이런 모세의 법이나 예수님의 법을 보면서 우리는 보편적으로 극과 극으로 이해합니다. 그러나 성경이 가르치고자 하는 것은 이 법이 서로 상충되는 것이 아니라는 것입니다. 오히려 놀랍게도 상호보완의 법이라는 것입니다.

구약의 동해보복법의 주체는 남에게 피해를 입힌 가해자를 주체로 하여 갚아야 하는 보상법입니다. 그 갚는 방법이 눈을 아프게 했으면 눈으로, 발은 발로, 때렸으면 때림으로 되갚음을 당하게 되는 것입니다.

그런데 신약의 예수님의 사랑의 법은 피해자를 주체로 하여 말씀하셨습니다. 즉 '맞았느냐? 빼앗겼느냐? 억울함 당했느냐? 그렇다고 너 또한 똑같이 그렇게 하지 말고 오히려 선으로 갚으라'는 것입니다. 즉 피해자의 입장에서 가해자에게 어떻게 해야 하는가를 말씀하신 것입니다.

이처럼 성경이 교훈하는 구약의 동해 보복법과 신약의 사랑의 법의 근본 취지가 무엇일까요?

그것은 가해자나 피해자 피차 지켜야 할 도리가 있다는 것입니다. 동해 보상법은 가해자가 지켜야 할 도리이며 사랑의 법은 피해자가 지켜야 할 도리인 것입니다.

우리의 삶의 현장에는 다양한 가해자와 피해자가 공존합니다. 이런 세상에서 우리가 기억할 것이 있습니다. 그것은 우리네 삶의 중심에는 윤리가 있고, 도덕이 있고, 상식이 있다는 것입니다. 이것은 우리가 지켜야 할 최소한의 틀입니다. 이것을 지키면서 살아가는 사람을 우리는 '사람답다'라고 합니다.

그런데 이 최소한의 것조차 지키지 않고 자기 기준을 주장하며 마음대로 하는 사람이 있습니다. 이런 사람을 일컬어 우리는 '사람답지 못하다'고 합니다.

오늘 우리 사회의 혼란이 바로 여기서 비롯되고 있다는 것은 참으로 안타까운 일입니다.

이번 본문은 이 두 법에 관련된 사람 둘이 주인공으로 등장을 했습니다. 한 사람은 아브넬이고 또 한 사람은 다윗입니다.

아브넬이라는 사람은 동해보복법과 사랑의 법에 대한 바른 이해가 없는 사람입니다. 그러므로 자기 기준에서 이해되지 않는 법은 지키려고도 하지 않는 사람입니다. 철저하게 자기중심적인 사람의 전형입니다.

아브넬 그가 어떤 사람입니까?

다윗을 왕으로 인정하지 않는 사람입니다. 그러면서 사울의 힘없는 아들 이스보셋을 왕으로 세운 사람입니다. 그렇게 허수아비 하나를 세워놓고는 다윗을 대적했던 사람입니다. 백번 죽어도 마땅할 사람입니다. 왜냐하면 감히 하나님의 역사에 반기를 들고 있기 때문입니다.

그런 자인지라 허수아비 군왕 이스보셋이 지극히 옳은 소리, 그에게는 쓴 소리를 한마디 하자 그만 폭발합니다. 자신의 성질을 다스리지 못합니다. 기분을 있는 대로 상해합니다. 그리고는 이름뿐인 이스보셋의 왕권을 완전히 무시하고 반역자가 됩니다. 즉 백기를 들고 정적 다윗에게로 가서 투항을 합니다. 참으로 이성 없는 짐승 같은 사람입니다.

이처럼 치졸하고 철면피한 아브넬을 대하는 다윗의 모습을 우리는 면면히 살펴볼 필요가 있습니다. 20절에서는 다윗이 아브넬을 맞아 잔치를 배설합니다. 그리고 21절에서는 아브넬의 청원을 다 들어주고 평안히 돌려보냈습니다. 비록 아브넬이 자신에게 반기를 들어 심히 괴롭혔지만, 자기가 당한대로 되갚지 않고 오히려 선을 베풂으로 원수에게 은혜를 입게 해 주었습니다. 이로써 다윗은 이미 이 때 예수님의 사랑의 법을 지켰던 것입니다. 참으로 그 그릇됨이 남다른 사람입니다.

여기서 우리는 다윗의 신앙과 인격을 생각하게 됩니다. 근본이 되지 못한 사람과 근본이 된 사람의 차이는 이렇게 현격한 차이가 있는 것입니다.

어느 날 참 신실한 집사님이 상담을 왔습니다.

"목사님, 제 남편 김 집사를 불러서 제발 혼 좀 내 주세요. 목사님이 생각하는 그런 좋은 집사가 아니랍니다."

내용인즉 며칠 전 부부 싸움이 있었다는 것입니다. 그 이유를 가만히 들어보니 부부간의 자존심 싸움이었습니다. 출근을 하면서 말도 없이 나가고, 저녁은 항상 집에 와서 먹던 남편이 꼭 밖에서 식사를 하고 들어와서는 방안에 들어가 TV만 본다는 것입니다. 참다못한 아내 집사가 드디어 입을 열어 시비를 걸었습니다. 그 때 남편 김 집사가 아무 말도 하지 않고 메모지에 성경말씀을 적어서 아내 앞에 내 밀었습니다. 에베소서 5:22~23입니다.

"아내들이여 자기 남편에게 복종하기를 주께 하듯 하라.
이는 남편이 아내의 머리됨이
그리스도께서 교회의 머리됨과 같음이니
그가 바로 몸의 구주시니라."

'옳거니, 주제에 안수집사라고 성경으로 기 죽이려 드네.' 하면서 여집사도 여기에 질세라 성경 한 구절을 적어 남편 앞에 들이 밀었습니다. 에베소서 5:25이었습니다.

"남편들아 아내 사랑하기를 그리스도께서 교회를 사랑하시고
그 교회를 위하여 자신을 주심 같이 하라."

가만히 듣고 있던 저도 질세라 아무 말도 하지 않고 성경 말씀 한 구절을 적어서 이 여집사님 앞에 내 놓았습니다. 에베소서 5:33이었습니다.

"그러나 너희도 각각 자기의 아내 사랑하기를 자신 같이 하고
아내도 자기 남편을 존경하라."

이 집사님은 말없이 웃더니 가만히 일어나서 목양실을 나갔습니다.

사람들이 하나님의 말씀을 믿기는 믿으나 자기 기준대로 말씀을

믿습니다. 그러나 그건 아닙니다.

사람이 살아가면서 어찌 완벽할 수가 있겠습니까. 허물도 있고, 약점도 있습니다. 실수도 합니다. 온갖 죄 가운데서 이리 넘어지고 저리 넘어지고, 앞으로 엎어지고 뒤로 자빠지면서 살아갑니다.

그러나 그런 가운데서도 분명한 것이 있습니다. 그것은 예수 그리스도로 말미암아 새사람이 된 우리의 내면에는 선한 근본이 있다는 것입니다. 선한 근본이 있는 사람은 도덕과 윤리를 지킵니다. 네가 있기에 내가 있음을 압니다. 종종 내가 손해를 보는 듯해도 모두의 기쁨일 때는 그 손해를 묵묵히 받아들이는 넉넉함이 있습니다. 모두를 생각하는 덕성도 있습니다. 그것이 믿음의 사람입니다.

그러나 선한 근본이 없는 사람은 그렇지를 못합니다. 심중에 예수님이 계시지 않는 사람은 그것이 잘 안 됩니다. 모든 사람을 피곤하게 합니다. 힘들게 합니다. 공동체를 파괴합니다. 자기만의 충족, 자기만의 행복, 자기만의 유익을 위해서 상대방을 아프게 합니다. 고통스럽게 합니다. 거반 죽여 놓습니다.

바로 그런 사람이 본문의 인물 아브넬입니다. 그러나 동시대를 살았어도 극명하게 대비되는 사람 다윗은 결단코 그렇지 않았습니다.

오늘 우리는 어떻게 살아야 하겠습니까? 아브넬처럼 살아가야 되겠습니까? 아닙니까? 그러면 다윗처럼 살아가야 되겠습니까? 다르게 질문을 드릴까요?

당신은 선한 근본이 있는 사람입니까? 아니면 선한 근본이 없는 사람입니까?

대답은 지금 이 말씀을 읽으시는 당신의 몫입니다. 샬롬!

7

소견(所見)이 좁은 사람

"요압과 그 동생 아비새가
아브넬을 죽인 것은
저가 기브온 전쟁에서
자기 동생 아사헬을
죽인 까닭이었더라
〈사무엘하 3:22~30 중〉."

7. 소견(所見)이 좁은 사람

언제나 정치권은 말이 많습니다. 요즈음 우리나라에서 일어나는 정치, 사회 모든 분야의 극렬한 상황들은 한 마디로 카오스 현상입니다. 즉 '혼돈, 혼란'이라는 말입니다. 하나같이 자기만 옳다고 아우성을 치는 것이 가히 병적입니다. 그러다보니 상대방의 말은 들으려고도 하지 않습니다. 일단은 틀렸다고 전제하면서 자기 생각만을 주장합니다.

한 때 성조기를 불태우면서 그것이 나라를 사랑하는 것이라고 소리를 높였던 극우파들이 있었습니다. 또 한편에서는 인공기를 불태우면서 '이것이 나라와 민족을 위한 구국'이라고 소리 높였던 극좌파들도 있었습니다. 참으로 애달프지만 이런 극단적인 현상이 우리를 슬프게 했던 기억이 떠오릅니다. 세월이 흐른 지금도 그런 것은 전혀 달라지지를 않습니다.

혼돈의 시대에 나타나는 분명한 현상이 하나 있습니다. 자기 뜻대로 말하고 행동한다는 것입니다.

사사기 17:6은 요즈음처럼 무질서한 현실에서 우리가 묵상하고 주목할 말씀입니다.

"그 때에는 이스라엘에 왕이 없었으므로
사람마다 자기 소견에 옳은 대로 행하였더라."

"자기 소견에 옳은 대로 행하였더라" 이 말은 격식을 차린 신사적인 표현입니다. 우리말로 바꾸면 자기 기분대로, 자기 욕심대로, 자기 멋대로 생각하고 행동했다는 말입니다.

가장 절묘한 표현은 "왕이 없었으므로"라는 것입니다. 그 말을 다른 말로 바꾸면 "자기가 왕이므로"라는 표현이 딱 맞는 말입니다. 마치 자기가 왕이라도 된 듯이 자기 생각과 자기 행동을 기준으로 삼고 행하는 시대입니다.

과격한 표현이 되겠지만 이런 사회현상을 '미친 시대'라고 합니다. 어느 것 하나 제대로 된 것이 없다는 말입니다. 각자가 그렇게 생각하고 살아가기 때문에 질서가 유지될 수 없습니다. 다른 사람의 말은 들으려고 하지도 않습니다. 모든 것을 자기 위주로 진행해갑니다. 당연히 무질서한 현상일 수밖에 없습니다. 보다 과격한 표현을 사용한다면 완전히 개판입니다. 개판!

상황이 이와 같은데 가정이나 국가나 교회가 무슨 질서가 있겠습니까. 모두가 제 멋 대로입니다. 자기의 유익만을 추구하는데 상대방이 눈에 보이겠습니까? 상대방을 죽여야만 내가 산다는 사탄의

논리가 온통 만연하여 있는데 이해와 타협을 통한 조화가 가능하겠습니까?

참으로 개탄스러운 시간입니다.

이런 속에 무슨 아름다운 일들이 연출되겠습니까?

정치계만 그런 것이 아닙니다. 종교계도 예외가 아닙니다. 교회에서도 자기주장만 고집하는 사람들을 좀 보십시오. 네가 있기에 내가 있다는 공존의 원리는 아예 없습니다. 내 생각을 관철시키기 위해서 아예 너의 존재를 인정하려 들지 않습니다.

그러나 우리가 살아가는 공동체에는 언제든지 기준이라는 것이 있습니다.

그 첫째가 하나님입니다. 모든 일에는 반드시 하나님이 기준이 되어야 합니다. 어떤 상황에서도 결론은 하나님께 영광이 되는 것으로 귀결되어야 합니다.

둘째는 공동체입니다. 무엇을 하더라도 마지막 결론은 공동체에 유익한가로 결론이 나야 합니다.

그러나 안타깝지만 소견이 좁으면 결코 그렇게 할 수 없습니다.

이번 본문에는 이와 같이 소견이 좁은 한 사람이 소개되고 있습니다. 그가 누구인가하면 다윗의 군장 요압이라는 사람입니다.

요압이 이런 상황을 만든 배경은 이렇습니다. 이스보셋을 옹립하여 사울 왕국을 유지하려 했던 아브넬은 그것이 하나님의 뜻을 거역하는 행동임을 뒤늦게 깨닫습니다. 그리고 다윗에게 찾아와 용서를 구하고 이스라엘 나라를 든든히 세워가는 일에 모든 것을 협력하겠다고 했습니다.

다윗은 자신을 찾아온 아브넬을 환대하고 그의 요구를 대폭 수용하였습니다. 그리고 잔치까지 베풀어 대접을 하고 평안하게 돌아가게 했습니다.

다윗의 이와 같은 결정에 대하여 바로 이 사람 다윗의 군장 요압이 불만을 품고 왕에게 항의를 합니다. 그것이 이번 본문의 내용입니다.

요압이 다윗 왕의 처신에 대하여 섭섭하게 생각하는 데는 몇 가지 이유가 있습니다.

첫째는 이처럼 중대한 국가 정책을 군장(국방부 장관 격)인 자기와 의논도 하지 않고 결정한 것에 대한 소외감이었습니다.

둘째는 아브넬이 협력하면 자기 위치가 흔들릴 것을 미루어 짐작하며 걱정이 되었습니다.

셋째는 자기 동생 아사헬을 죽인 아브넬을 죽이려고 기회를 엿보고 있었는데 그 절호의 기회를 놓쳐버린 것에 대한 불만이었습니다.

이것은 요압의 인격과 마음자세를 가늠할 수 있는 내용입니다. 한마디로 소견이 좁은 사람의 생각이며 행동입니다. 소견이 좁으니 생각하는 것이 항상 자기중심적일 수밖에 없습니다. 다윗의 입장이나 왜 그가 그렇게 결정할 수밖에 없었는가에 대한 생각을 하지 못합니다. 그것이 가중되다보니 자기가 왕인지 다윗이 왕인지 분별력조차 흐려지고 말았습니다. 아주 무례하고 주제넘기 짝이 없는 행동입니다.

그래서 나타난 현상이 바로 소견이 좁은 대로 행하는 불상사의 연출입니다.

분기탱천한 요압이 행하는 것을 보십시다. 그는 감히 자신의 주군 다윗 왕을 향해 '아브넬이 와서 화해하자고 한 것은 다윗을 속이는 것' 이라고 악평을 합니다. 그리고는 곧 바로 다윗 앞에서 나가 왕이 모르는 전령을 보냅니다. 그에게 다윗으로부터 평안히 보냄을 입고 돌아가는 아브넬을 뒤쫓아 가서 다시 데려오라고 명합니다. 소식을 받고 되돌아온 아브넬에게 뭔가 은밀한 이야기라도 하려는 것처럼 성문 안으로 데리고 들어갑니다. 그리고는 거기서 아브넬의 배를 찔러 죽여 버립니다.

동생을 죽인 원수를 갚겠다는 복수심, 아브넬 때문에 장차 자기 위치가 흔들릴 것이라는 불안감, 이런 것들이 살인이라는 무서운 결과를 불러오고 말았습니다.

여기서 우리는 아브넬이 요압의 동생 아사헬을 죽인 상황을 다시 한 번 생각해 볼 필요가 있습니다. 삼하2:22~23에서 이미 살펴본 내용입니다.

기브온 전쟁에서 아사헬은 아브넬을 죽이려고 뒤쫓아 갑니다. 아브넬은 쫓아오는 아사헬에게 두 번이나 소리를 질러 쫓아오지 말 것을 명합니다.

그 장으로 가서 다시 한 번 확인을 해야겠지요? 삼하 2:22-23입니다.

"아브넬이 다시(두 번째) 아사헬에게 이르되
너는 나 쫓기를 그치라 내가 너를 쳐서
땅에 엎드러지게 할 까닭이 무엇이냐

그렇게 하면 내가 어떻게 네 형 요압을 대면하겠느냐 하되
그가 물러가기를 거절하매
아브넬이 창 뒤 끝으로 그의 배를 찌르니
창이 그의 등을 꿰뚫고 나간지라
곧 그 곳에 엎드러져 죽으매
아사헬이 엎드러져 죽은 곳에 이르는 자마다 머물러 섰더라."

아브넬을 변호하려는 것은 아니지만 이 상황은 아브넬의 정당방위였습니다. 아사헬은 아브넬의 적수가 되지 못했습니다. 그럼에도 아브넬을 죽이고자 쫓아오는 아사헬에게 두 번이나 경고를 합니다. 그래도 듣지를 않아 결국 아브넬은 아사헬을 죽일 수밖에 없게 된 상황입니다.

그런데 형이라는 자가 동생 아사헬이 어떻게 죽었는가에 대한 상황은 알려고 하지도 않고 아브넬이 동생을 죽였다는 사실에만 집착했습니다. 그리고 동생을 죽인 아브넬에게 오직 원수를 갚겠다는 생각만 했습니다. 그러니 이런 요압은 소견이 좁은 사람일 수밖에 없는 것입니다.

다윗인들 이 사실을 몰랐겠습니까? 아브넬이 다윗을 거역하고 다윗을 괴롭힌 주역인 것을 진정 다윗이 몰랐겠습니까?

아니오, 알았습니다. 왜 그걸 몰랐겠습니까? 그럼에도 불구하고 다윗은 아브넬의 화해 제안을 받아들입니다. 용서합니다. 더하여 잔치까지 베풀어 접대합니다. 그리고 평안히 돌아가도록 배려했습니다.

왜 다윗이 이렇게 했을까요?

그것은 다윗의 생각과 마음이 그만큼 대범하고 넓었기 때문입니다. 그 내면이 하나님의 심정을 품은 사람이었기 때문입니다. 바로 이 장에서 하나님께서 다윗을 통해 우리에게 보여주고 계신 것이 이것입니다.

그러나 요압은 개인적인 감정이 앞선 사람이었습니다. 앞으로 일이 어떻게 전개되어갈 것인가에 대한 것은 제대로 고려하지 못했습니다. 그리고는 당장 눈앞에 펼쳐진 상황에 몰입되어 일을 저질러 버린 것입니다.

이것이 바로 소견이 좁은 사람의 특징입니다.

이와 같은 요압의 행동에 대처하는 다윗의 모습이 28절 이하에 잘 기록되어 있습니다.

첫째 아브넬의 억울한 죽음에 대한 책임은 다윗과 유다 나라에는 없다고 분명하게 밝힙니다. 뿐만 아니라 그 피에 대한 책임은 오직 요압에게 있다는 것을 짚습니다. 둘째는 이 사건이 얼마나 중대한 사건인가를 설명하고 있습니다. 요압의 죄가 참으로 크며 그 책임은 요압의 머리와 그 아버지의 온 집에 돌아갈 것이라고 했습니다. 셋째는 그 죄 값이 얼마나 무서운가를 지적했는데 요압의 집안에 다섯 부류의 저주가 임할 것이라고 합니다.

그 종류를 살펴보면 백탁병자가 이어진다고 했습니다. 백탁병이란 임질, 혈류병 같은 유출성 질병입니다. 또 나병환자가 이어진다고 했습니다. 나병은 불치병으로써 천형(天刑)으로 이해된 시대였습니다. 세 번째는 지팡이를 의지하는 자가 끊어지지 않을 것이라고 했습니다. 이는 절뚝발이나 소경을 말합니다. 넷째는 칼에 죽는 자가 계속 있을 것이라고 했습니다. 이는 전쟁이나 또 다른 이유로 칼에 맞아 죽는 것을 뜻합니다. 그리고 마지막으로는 양식이 떨어진 자가 끊이지 않을 것이라고 했습니다. 극빈하게 되는 가난의 저주입니다.

참으로 무서운 결과를 불러오고 말았습니다.

우리 모두는 기억해야 합니다. 하나님의 마음으로 상황을 보지 못하고 감정적으로 상황을 보는 결과가 얼마나 무서운 것인지 말입니다.

순간적인 생각과 임의로 행동하는 것이 어떤 결과를 가져오는가를 이 본문은 우리에게 경고하며 가르치고 있습니다. 절대로 자기감정에 치우쳐 행동하면 안 된다는 큰 교훈입니다.

베드로후서 1:5~7 이하에서는 진실로 믿음 있는 성도의 삶이 어떠해야 하는가를 말씀하고 계십니다.

"그러므로 너희가 더욱 힘써 너희 믿음에 덕을, 덕에 지식을,
지식에 절제를, 절제에 인내를,
인내에 경건을, 경건에 형제 우애를, 형제 우애에 사랑을 더하라."

그렇습니다. 우리는 사고의 지경을 넓혀야 합니다. 고속도로를 넓히듯 우리의 생각과 마음을 넓혀야 합니다.

에머슨이 갈파한대로 "사람이란 종일 자기가 생각하는 그 자체"입니다.

그러므로 우리는 더 깊고 더 넓은 생각을 할 수 있어야 합니다.

소견이 좁으면 그 말도 행위도 좁을 수밖에 없습니다. 그것을 편견(偏見)이라고도 합니다. 아집(我執)이라고도 합니다. 이기주의(利己主義)라고도 합니다.

춘추시대 진평공이 한번은 기 황양에게 "남양현에 지금 현장 자리가 비어 있는데 누구를 천거하면 가장 합당하겠는가?"라고 물었습니다. 그러자 황양이 "해호를 시키면 가장 합당합니다. 그는 반드시 그 임무를 잘 감당할 것입니다."라고 대답을 했습니다. 진평공이 놀라면서 물었습니다. "해호는 그대의 원수가 아닌가? 그대가 어찌하여 해호를 천거하는가?" 그러자 황양이 대답했습니다. "대왕께서는 누가 그 직책을 잘 감당할 수 있으며 누가 가장 적절한 인물이냐고 물으셨지, 신(臣)과 해호가 원수사이냐고 물으신 것은 아니지 않습니까?"

참으로 대단한 사람입니다. 이 사람의 됨됨이를 요즈음 우리나라 국회의원들이 좀 닮았으면 싶습니다. 또한 쓸데없이 분쟁하고 시끄러운 교회들이 마음에 다시 새겨봤으면 좋겠습니다.

다른 사람은 차치하고라도 믿음의 사람은 좋은 생각을 해야 합니다. 긍정적이며 적극적이며 창조적인 생각을 해야 합니다. 할 수 있다는 생각이 좋은 생각입니다. 된다는 생각이 좋은 생각입니다. 그 모든 생각의 종합이 예수님 생각입니다.

어떤 물체든 단면으로 이루어진 것은 없습니다. 모든 사물과 물건은 입체로 구성되어 있고 내부와 외부가 있습니다.

사회 현상도 마찬 가지입니다. 인간도 예외는 아닙니다. 그럼에도 인간은 흔히 한 면만 보는 경우가 많습니다. 빙산의 일각인 그것만 가지고 쉽게 판단을 해 버리는 경우가 태반입니다. 그런 것이야 말로 참으로 중대한 실수입니다. 더불어 살아가는 우리의 삶에서 진정 멀리해야 할 매우 잘못된 일입니다.

소견이 좁으면 자연스럽게 편견(偏見)이 됩니다. 편견의 약점은 사리를 분별할 수 없다는 것입니다. 그것은 자기도 파멸하고 다른 사람까지 힘들게 하여 결국 사회를 무질서하게 하는 악의 뿌리가 됩니다.

'소견이 좁은 사람' 이라는 다른 표현은 무지(無知), 경솔(輕率), 아집(我執)이 강한 사람입니다. 그런 사람의 특징은 남의 생각은 도무지 받아들이지 않습니다. 오직 자기 생각에 집착되어 일을 그르치고 맙니다.

우리는 소견이 좁은 요압처럼 살아서는 안 됩니다. 모든 것을 수용하고 용서하며 사랑하면서 살았던 다윗같이 살아야 합니다. 오늘도 나를 사랑하시는 우리 주 예수님처럼 살아야 합니다.

이런 넓고 포근한 경지의 오늘을 사는 성도들이 되시기를 예수님의 이름으로 축복합니다. 아멘.

8

소견(所見)이 넓은 사람

"다윗 왕이 상여를 따라 가서
아브넬을 헤브론에 장사하고
아브넬의 무덤에서 소리를 높여 울고
백성도 다 우니라
〈사무엘하 3:31~39 중〉."

8. 소견(所見)이 넓은 사람

지난 동계올림픽 때 온 나라가 황홀한 날을 보낸 일이 있습니다. 4년 동안 피땀으로 얼룩진 훈련의 결과를 통해 금, 은, 동메달로 인해 희비가 엇갈리는 가운데 있었지만 어쨌거나 한국은 전 세계에 동계, 하계 올림픽 강국으로 부상했습니다. 그렇게 애쓰고 수고한 모든 선수들에게 지금도 박수를 보내며 진심으로 축복합니다.

많은 선수들이 금메달을 받았지만 특별히 김연아 선수가 목에 건 금메달은 다른 금메달들과는 가치개념이 달랐다는 것을 그 누구도 부인하지 않을 것입니다. 온 나라가 김연아 선수로 인해 흥분과 감동을 감추지 못하며 말로는 뭐라고 표현할 수 없는 행복을 느꼈습니다.

그런 중에 저는 한 가지 생각하는 것이 있었습니다. 바로 일본의 언론보도 자세입니다. 어느 면으로 보나 김연아와 아사다 마오의 실력은 객관적으로도 현저한 차이가 있습니다. 이것은 온 세계가 인정하는 사실입니다. 그런데도 일본 언론은 두 선수를 객관적인 입장에서 공정하게 보도를 하지 않았습니다. 왜곡된 일방적인 보도를 통해 아사다 마오가 금메달을 딸 수 있을 것이라고 했습니다. 그러나 결과는 그들의 오만대로 되지 않았습니다. 그럼에도 그들은 전혀 반성하지 못했습니다.

금메달을 희망하는 것 자체를 나쁜 것이라고 할 수는 없습니다. 그러나 그들이 바란 것은 딱 하나였습니다. 김연아 선수가 실수하는 것, 그것이었습니다. 이것은 저의 편견이 아니라 이미 온 세상이 다 알고 있는 것입니다.

이런 모습들을 보면서 생각의 중요성을 새삼 깨닫게 됩니다. 즉 소견이 좁은 사람과 소견이 넓은 사람의 언행이라는 것입니다. 소견이 좁으면 하는 말도 행동도 푸근함이 없습니다. 그러나 그와 반대로 소견이 넓으면 그 하는 말도 덕이 있습니다. 행동도 이해와 관용과 사랑이 내재된 것이 나타납니다.

디모데후서 4장은 사도 바울이 사역 말년에 외롭고 힘들고 어려운 가운데 디모데가 보고 싶어서 편지를 보낸 내용입니다. 이 편지에 여러 사람들의 이름이 거명되고 있습니다. 곧 생각이 있는 사람과 생각이 없는 사람에 대한 이야기입니다.

그 내용을 보면, 데마는 세상을 사랑하여 바울을 버리고 데살로니가로 갔다고 했습니다. 그레스게는 갈라디아로, 디도는 달마디아로 갔습니다.

그리고 누가만 남아 바울과 함께 있다고 하면서 디모데에게 자신에게로 올 것을 부탁합니다. 그리고 올 때는 마가를 데리고 오라고 당부를 합니다.

그러면서 거명하는 사람이 있습니다. 구리장색 알렉산더라는 자인데 그는 바울에게 많은 해를 입힌 사람입니다. 그러므로 디모데에게 그를 주의하라고 특별 당부를 했습니다.

또 다른 사람들의 이름도 기록합니다. 그들은 바울의 목회에 다시없는 협력자들로 브리스길라와 아굴라입니다. 바울은 그들을 칭찬하고 있습니다. 또한 바울이 힘들고 어려울 때마다 찾아주고 위로하며 함께 했던 오네시보로의 집에는 특별히 문안하라고 당부합니다. 특히 '드로비모(Trophimus)'는 바울의 전도여행에 동행하다가 병까지 들었던 사람입니다. 그는 자기 몸을 돌보지 않으면서 병들기까지 복음을 전하는 일에 동참했습니다.

그 가운데도 특별히 보고 싶은 사람이 디모데였습니다. 우리말로 옮기면 "디모데야, 보고 싶구나. 정말 네가 보고 싶다. 내게로 빨리 오너라. 너무도 보고 싶다. 어서 빨리 오너라."는 뜻입니다. 참으로 가슴 뭉클한 말입니다.

'하나님께서 보고 싶어 하는 사람!' 너무 가슴 뭉클한 말이라고 생각되지 않습니까? 이것은 우리와 하나님과의 만남에서도 똑 같습니다.

세월이 지나 직분을 받고 오래된 신자는 감동이 부족합니다. 그러나 바울이 그토록 보고 싶어 한 사람 디모데처럼 하나님께서 나를 그토록 보고 싶어 하는 사람인가 생각해 봅니다.

이번 본문의 내용은 소견이 넓은 다윗의 이야기입니다.

다윗 왕의 군장 요압이 아브넬을 죽였습니다. 뒤늦게 다윗이 이 사실을 알았습니다. 자신을 만나고 평안히 돌아가던 아브넬이 죽었다는 소식을 들은 다윗은 당혹해합니다. 그리고 취하는 그의 진솔하고 지혜로운 모습이 31~32절에 잘 나타나있습니다. 다윗은 모든 백성들에게 옷을 찢으라고 합니다. 굵은 베를 띠고 아브넬의 죽음을 애도하라고 합니다. 이것은 다윗의 언행심사를 가늠해 볼 수 있는 장면입니다.

다윗은 자신에게 닥친 어려운 상황을 피하지 않고 정면 돌파하는 태도를 잃지 않았습니다. 즉 아브넬이 죽은 것은 백성들의 입장에서는 다윗을 오해할 여지가 상당히 짙은 사건이었습니다. 현재 다윗은 유다의 왕이지만 아직까지는 실제 권력의 힘은 없었습니다. 그런 가운데 백성들이 오해를 하게 되면 반란이 일어날 법한 중대한 사건이 벌어진 것입니다.

그러자 다윗은 억울하게 죽은 아브넬의 죽음을 진심으로 애도함으로 정의를 세워나갑니다. 33~34절에서는 아브넬을 위해 애가(哀歌)를 지었습니다. 그것에 아브넬의 죽음이 억울한 죽음이라는 사실을 인정하며 만천하에 공포하는 정직한 다윗의 마음이 드러나 있습니다.

다윗은 사무엘하 1:19~27에서도 사울과 요나단이 죽었을 때 애가를 지어 불렀습니다. 비록 사울은 자신의 정적(政敵)이었지만 상대방의 아픔과 죽음을 자신의 아픔으로 수용했습니다. 이는 소견이 좁은 사람에게서는 볼 수 없는 모습입니다. 곧 다윗은 그 소견이 그만큼 넓은 사람이라는 것입니다.

이 같은 다윗의 즉각적이고도 진심어린 조치에 온 백성이 아브넬의 죽음을 애도하면서 울었습니다.

35~37절에서는 식음을 전폐하고 아브넬을 애도하는 다윗을 보고 백성들이 안타까워하면서 음식을 권합니다. 하지만 다윗은 백성들의 음식권유도 물리치며 온전히 군장의 죽음을 애도합니다. 그러면서 오늘과 같은 참상이 일어난 연유를 애도 중에 읊조립니다. 그것이 39절입니다.

"내가 기름 부음을 받은 왕이 되었으나 오늘 약하여서
스루야의 아들인 이 사람들을 제어하기가 너무 어려우니
여호와는 악행한 자에게 그 악한 대로 갚으실지로다 하니라."

아브넬의 죽음을 애도하는 다윗의 진심어린 말을 듣고 온 백성들 안에 두 가지 변화가 일어났습니다. 하나는 아브넬을 죽인 자가 다윗이 아니라는 것을 알게 된 것입니다. 다른 하나는 그런 다윗을 존경하고 사랑하며 따르게 된 것입니다. 결과는 이때로부터 다윗이 하는 모든 일을 백성들이 기뻐하게 된 것입니다.

여기서 주목하게 되는 것은 소견이 넓은 사람은 하는 행위도 넓다는 것입니다. 뿐만 아니라 그 결과는 더 많은 유익을 얻게 된다는 것입니다.

저에게도 한 때 참 부끄러운 날들이 있었습니다. 그 때나 지금이나 부흥회 강사로 초청을 받아 전국 교회를 다니면서 헌신을 하고 있습니다.

초창기에 목사 안수를 나이 40에 받고 보니 너무 황송하고 감사했습니다. 그래서 부흥회를 마치고 나서 주는 사례비를 받지 않았었습니다. 받지 않는 이유는 아주 간단했습니다. 한 주간동안 우리교회를 비우고 다른 교회에서 부흥회를 인도한다고 우리 교회에서 사례비 한 주간 몫을 빼는 것이 아닙니다. 온전히 한 달 사례비를 받는데 집회 사례를 받으면 당연히 이중 사례가 되기 때문에 그랬던 것입니다.

5년이 넘도록 그렇게 봉사를 했습니다. 어느 날 선배 목사님이 저를 찾아 오셔서 아주 조용하면서도 힘 있는 권고를 하셨습니다.

"서목사는 부흥회 다니면서 사례비 안 받으니까 의로운 목사가 되고 사례비를 받는 목사는 상대적으로 이상하게 된다는 말을 들어 보았는가?"

순간 숨이 막히는 것을 느꼈습니다. 내 생각만 했지 부흥회를 인도하시는 다른 목사님들의 형편과 상황은 생각지 못했던 것입니다. 한 마디로 소견이 짧았던 것입니다.

그 때 많은 것을 깨닫고 난 후부터는 사례비를 받습니다. 그리고 그것으로 지금까지 농어촌 개척교회 교역자 자녀들을 위한 일과 및 선한 일에 사용하고 있습니다. 또한 그렇지 않을 때에는 교회에 헌금을 하고 있습니다.

그렇습니다. 소견이 좁으면 자기위주로만 생각하게 됩니다. 그러나 소견이 넓으면 전체를 두루 살피며 모든 사람을 생각하게 됩니다.

요즈음 정치권이 세종시 문제로 여당 내에서도 분열음이 멈추지를 않습니다. 소견 좁은 사람들의 실상이 그대로 드러나는 것입니다. 나라와 국민의 장래를 생각하는 소견이 넓은 국회의원들이 있는가 하면 자신의 소욕에 앞뒤 분별을 못하는 소견이 좁은 의원들도 보입니다.

어디 그것이 정치권만 그런 것이겠습니까? 교회도 예외가 아닙니다. 교회의 부흥과 평안은 생각지도 않고 자기 자신의 유익만을 추구하는 소견 좁은 사람들이 있습니다. 그런가 하면 조금 손해 보면서도 조금 양보하고 공동체의 기쁨과 평안을 위해 애쓰는 소견이 넓은 성도들도 있습니다.

한국인의 의식구조는 서구인들에 비하여 상대적으로 소견이 넓지 못하고 조급하다는 말을 많이 듣습니다. 그 실례로 몇 가지만 이야기하면 고개를 끄덕입니다. 그 몇 가지 예를 들어보겠습니다.

자판기에서 커피를 뽑을 때 외국인은 커피가 다 나온 후 불이 꺼지면 컵을 꺼냅니다. 그러나 한국인은 컵 나오는 곳에 손을 넣고 안을 들여다보면서 기다립니다.

서구인들은 사탕을 천천히 맛을 느끼면서 녹여먹습니다. 그러나 한국인은 대부분 사탕을 와작와작 씹어서 먹습니다.

서구인들은 버스를 기다릴 때 정류장에 서서 기다리다가 버스가 도착하여 문이 열리면 천천히 버스에 승차합니다. 하지만 한국인은 버스가 보이면 일단 도로에 내려서고 대부분 버스 문이 열리기 전에 손을 문에 댑니다.

서구인들은 야구를 관람할 때 9회말 2사 후부터 힘내라고 응원을 합니다. 하지만 한국인들은 9회말 2사쯤 되면 대부분 일어섭니다.

서구인들은 영화를 관람할 때 THE AND와 함께 O.S.T를 감상하지만 한국인들은 THE AND가 오르기 전에 대부분 일어섭니다.

신앙생활을 하는 것도 비슷합니다. 예배 시작에 있어서도 서구인들은 예배 시작 전에 다 좌정하고 묵상하며 예배를 준비합니다. 그러나 한국인은 대부분 설교 직전에 들어오는 교인들이 많습니다.

예배를 마칠 때도 마찬가지입니다. 서구인들은 축도가 끝난 후 한동안 강단을 바라보면서 잠시 묵상의 시간을 가진 후 천천히 일어섭니다. 그러나 한국 교인들의 경우에는 축도를 하기 전에 먼저 일어나 나가는 경우를 흔히 볼 수 있습니다.

이런 것들이 모두 무엇을 말하는 것이겠습니까?

다들 그만큼 마음의 여유가 없다는 말입니다. 그만큼 생각이 얕다는 말이기도 합니다. 또 그만큼 소견이 좁다는 말이기도 합니다.

이번 본문의 다윗을 통하여 우리는 많은 것을 깨닫습니다. 소견이 넓으면 말과 행동이 보통 사람과는 다릅니다. 바다처럼 넓은 마음으로 웬만한 것은 다 수용합니다. 사울이 다윗을 죽이려고 10여 년 동안 그렇게도 쫓아 다녔지만 하나님이 보호해 주셨습니다. 그러던 어느 날 다윗이 사울을 죽일 수 있는 기회가 눈앞에 닥쳤습니다. 그럼에도 다윗은 사울을 죽이지 않았습니다. 아니 오히려 사울이 죽었을 때 통곡하면서 애도했습니다.

아들 압살롬이 아비 다윗을 반역하고 패륜아처럼 살았습니다. 그러나 그 아들이 죽었을 때도 다윗은 피눈물을 쏟으며 압살롬을 부르면서 애통해 했습니다.

시므이가 다윗을 향해 저주를 퍼붓고 모래를 뿌리면서 악담을 할 때 소견 좁은 아비새는 당장 죽이자고 소리치지만 다윗은 그 상황까지도 수용하면서 자기 길을 갔습니다.

그러나 한 순간 끓어오르는 정욕을 다스리지 못하고 밧세바와 불륜을 맺습니다. 그리고 자신의 죄를 은폐하려다가 실패하자 밧세바의 남편을 살인 교사하고 죽이는 극악한 죄를 범합니다. 참으로 안타깝고 통탄할 일이었습니다.

그러나 나단 선지자를 통해 하나님께서 책망하시자 그 즉시 무릎을 꿇고 하나님 앞에 두 손을 들면서 회개하고 통회하며 자복합니다. 침상이 썩도록 하나님께 눈물로 회개합니다. 그렇게 그는 성군이 되어갔습니다.

소견이 넓은 사람은 모든 것을 하나님의 마음으로 생각합니다. 하나님의 마음으로 판단하고 결단하며 행합니다. 소견이 넓은 다윗의 일생은 그렇게 모든 사람이 그로 인해 행복하고 그로 인해 복을 누렸습니다.

정적(政敵) 아브넬의 죽음 앞에서 그토록 아파하고 통곡하는 다윗의 생각은 태평양 바다처럼 넓었습니다.

오늘 우리도 그렇게 살아야 합니다. 이해가 선행될 때 관용이 가능합니다. 관용(寬容)이란 자신과 견해가 다른 세력까지 감싸 안기 때문에 가치가 있는 것입니다. 그러나 편애(偏愛)란 똑같은 행동이지만 제 편만 역성을 드는 것이므로 유해(有害)한 것입니다.

관용이란 너그럽게 용서하고 받아들이는 것입니다. 소견이 좁은 사람에게는 어림도 없는 말입니다.

소견이 넓다는 말은 관용의 마음입니다.

저는 군 복무를 부관참모부에서 했습니다. 그 때 저와 같은 군대의 군종부에 근무하던 조병장은 천주교인이었는데 그가 들려준 이야기 하나가 아직도 잊어지지 않고 있습니다. 그의 이야기를 옮기겠습니다.

어느 날 밤에 신부님이 과음을 했습니다. 그리고는 새벽 미사를 드릴 때까지 정신이 맑지 못했던지 조금 늦게 일어났습니다. 그리고는 시간에 쫓겨 부리나케 사제관을 나서 성전으로 올라가 새벽 미사를 집례 하였습니다. 신부님이 강단에서 강론을 하면서 보니 그날따라 교인들이 강단을 보지 않고 모두들 고개를 숙이고 있었습니다. 이상했지만 강론을 다 마쳤습니다.

그런데 나중에 알고 보니 신자들이 강단을 바라보지 못한 것이 신부님이 파자마 바람으로 강론을 하고 있었기 때문이었습니다.

그 날 오후에 사제관으로 바지 하나가 배달되어 왔습니다. 그리고 거기에는 편지 한 장도 동봉되어 있었습니다.

"아버지, 어제는 또 누구에게 바지를 벗어 주셨습니까? 그 넓은 사랑에 고개 숙입니다. -수산나로부터-"

조병장은 이야기를 들려주면서 이렇게 덧붙였습니다.

"서병장, 개신교에서 이랬으면 그 다음날 보따리 쌌겠지?"

신앙생활을 잘 한다는 것은 조금 더 이해하고, 조금 더 양보하고, 조금 더 용서하고, 조금 더 사랑하는 것 바로 이런 것입니다. 이러면서 살아가노라면 이 땅에서 우리들의 삶이 곧 천국생활입니다.

사랑하는 성도 여러분 모두가 이런 주님의 가슴을 가지고 사시기를 예수님의 이름으로 축복합니다. 아멘!

9

바람에 나는 겨와 같도다.

"하물며 악인이 의인을
그 집 침상 위에서 죽인 것이겠느냐
그런 즉 내가 저의 피 흘린 죄를
너희에게 갚아서 너희를 이 땅에서
없이 하지 아니하겠느냐
〈사무엘하 4:1~12 중〉."

9. 바람에 나는 겨와 같도다

일본 오사카 제일교회 창립 80주년 기념주일과 임직식 및 80주년 행사에 강사로 다녀왔습니다.

주일 예배를 드리면서 눈물이 앞을 가려 설교를 시작하기가 힘들었습니다. 예배 시작을 알리는 담임목사님의 예배를 여는 기도도 눈물 젖어 있었고, 회중기도를 하시는 장로님의 목소리도 떨렸습니다. 교인은 30여명, 우리교회 권사님들이 오사카교회로 40여명, 제일교회로 40여명 참석하여 그래도 예배당 안은 가득 찬 느낌이었습니다.

성가대원은 모두가 6명이었는데 정말 있는 힘을 다해 한 곡의 찬양을 하나님 앞에 드렸습니다. 그들이 올리는 찬양이 혼신의 힘을 다한다는 것이 그대로 드러나 찬양대의 얼굴은 상기되어 있었습니다. 성가대가 찬양을 드리는 시간 저의 손수건 한 장은 다 젖었습니다. 그런 중에 설교를 시작하려니 목이 잠겨 말을 이을 수가 없었습니다.

건강이 여의치 못해 주일 예배 출석이 어려웠던 유재현 원로장로님도 부축을 받으며 80주년 예배에 참여하셨습니다. 장로님은 예배시간 내내 눈물을 흘리고 계셨습니다.

교회역사를 보고하는 연로하신 집사님은 일제의 만행으로 예배당이 부서지고 교회가 문을 닫게 되었던 상황을 열거해 갔습니다.

그런 가운데서도 교회가 다시 문을 열어 중단 없는 80년의 역사를 이어오게 하신 하나님의 섭리는 참으로 놀라웠습니다.

모두가 그런 마음으로 드리는 그 한 시간 예배는 은혜로 충만했습니다. 보고를 듣는 모든 회중은 숙연했습니다.

일제 강점기의 암울했던 때에도 우리 믿음의 선조들은 일본 땅에서 1930년 3월에 오사카에 제일교회를 세웠습니다. 그리고 나라와 민족 잃은 설움과 일본으로 끌려오듯 했던 고난의 세월을 살아갔습니다. 그 분들은 오직 하나님을 믿는 신앙으로 모든 어려운 상황을 극복하면서 80년을 보냈습니다. 비록 지금 교인은 30여명이지만 예수님의 피로 값 주고 세우신 오사카 제일 한인교회는 그렇게 80년 동안 대한민국의 아픈 역사와 함께 영적 호흡을 하고 있었습니다.

이제 60년 중반을 지나는 오늘의 우리교회를 다시 돌아보았습니다. 이렇게 주님께서 기뻐하시는 교회로 부흥하고 평안한 교회로 여기에 이르게 하신 하나님께 영광과 찬송을 올려 드립니다. 또한 우리 믿음이 선배들의 눈물과 땀, 피와 생명을 바친 헌신을 지금 여기서 새삼 생각하면서 우리는 더 좋은 교회로 나아가도록 더욱 힘쓰고 애쓰는 아름다운 성도의 삶을 살아야 하겠습니다.

제가 일본에 가 있는 동안 우리 모두가 많은 생각을 하게 하는 두 가지 큰 사건이 있었습니다. 그 하나가 온 국민이 존경하는 법정(法頂) 스님의 입적(入寂)과 부산 여중생 살해사건의 피의자 김길태 씨의 검거 사건입니다.

이 두 사건을 통해 표현된 국민들의 정서적 표현은 선과 악의 대조였으며 감동과 분노의 대조였습니다. 평안과 불안의 대조였고 존경과 멸시의 대조였습니다.

같은 시기에 일어난 사건이었으나 그 둘의 사이에는 현격한 차이가 있어 이렇게 정리해도 될 것입니다.

이 두 사건을 모두 저는 일본에서 집회기간 중에 뉴스를 통해 접하게 되었습니다. 그러면서 오랫동안 눈을 감고 생각에 잠기기도 했습니다.

저는 개인적으로 성철(性徹) 스님과 법정(法頂) 스님을 존경하고 좋아했습니다. 목사지만 늘 그분들과 마음의 대화를 하면서 살아왔습니다. 그 분들의 삶에 비하면 목사로서의 제 모습은 그야말로 세속적이라는 생각이 들기도 했습니다. 그러나 어쩌면 목사도 제도상 결혼하지 않고 독신의 삶을 엮어간다면 틀림없이 저의 삶도 그분들처럼 살아가리라는 내재된 제 삶의 철학이 아직도 제 안에는 일렁이고 있습니다. 그렇기 때문에 저는 그 분들의 삶을 동경하고 공감하면서 오늘을 살아가고 있는지도 모릅니다.

그런 분의 떠남에 제 마음이 조용히 내려앉고 눈에 눈물이 고이는 것은, 종교적인 이해를 떠나 그 삶의 걸음은 예수님께서 가르치신 삶이었다 해도 틀린 말이 아니기 때문입니다.

그리고 또 한 사람, 참으로 보기에도 민망하고 가련한 사람, 고통이 밀려들고 슬픔을 느끼게 하는 한 청년이 모든 언론의 중심에 있게 된 사건입니다. 그가 33세의 청년 김길태라는 인물입니다. 부산의 여중생 살해 사건의 피의자로 검거되어 모든 언론에 적나라하게 그의 삶이 드러나는 언론보도를 접하면서 참으로 복잡한 감정이 솟았습니다. 그의 나이가 33세라는 것이 그냥 쉽게 지나쳐지지 않았습니다.

한동안 서점가의 베스트셀러가 『그 청년 바보의사』였습니다. 의사로 살다가 33세에 생을 마감한 고 안수현 씨의 삶과 사랑에 관한 기록입니다.

안수현 씨를 기억하는 사람들의 공통된 한마디가 있습니다. 그 한 문장에 그의 삶이 표현되어 있습니다.

"이 시대가 꿈꾸고 소망하는 의사의 모습, 그를 보면 예수님께서 군의관의 옷을 입고 한국 땅에 나타나셨다가 가신 것 같은 착각이 듭니다."

같은 33세의 청년 김길태와 안수현을 함께 생각해 보았습니다. 그리고 33세에 이 세상에 오셔서 사명을 다하시고 십자가에서 죽으신 예수님을 생각했습니다.

13세의 여중생 살해사건의 주인공 김길태 씨의 구속영장이 발부되어 언론에 보도되는 면면을 보면서, '바람에 나는 겨와 같은 인생'이라는 말이 생각났습니다. 참으로 씁쓸하기 이를 데 없는 일입니다.

이번 본문 내용은 점점 번성하는 사람과 점점 쇠퇴하는 사람의 삶이 우리 앞에 펼쳐져 있습니다. 이는 물론 다윗의 인생여정과 사울의 인생여정입니다.

살아가노라면 잘 되어 가는 개인도 있고 집안도 있습니다. 잘되는 회사도 있고 나라도 있습니다. 그런가 하면 10년 전이나 100년 전이나 변함없이 제자리걸음을 하는 경우도 있습니다. 어떤 경우는 오히려 그 반대로 점점 뒷걸음질을 하는 경우도 있습니다.

교회도 마찬가지입니다. 날마다 부흥하는 교회가 있는가 하면 항상 그대로인 경우도 있습니다. 또 전에는 부흥하고 발전했는데 지금은 볼품없게 퇴락한 교회도 있습니다.

참으로 간절히 기원합니다. 하나님 앞에서 여러분의 삶은 날마다 더 잘되어 가시기를 축복합니다. 여러분의 가정도, 사업도, 건강도, 모든 범사도, 자꾸 자꾸 더 잘 되어 가시기를 축복합니다. 어제보다는 오늘이, 오늘 보다는 내일이 더 좋은 날이 되시기를 참으로 간절히 예수님의 이름으로 축복합니다. 우리교회도 그렇게 되어 가는 은혜가 더욱 충만하기를 소원합니다. 그럴 것을 믿습니다.

본문 내용은 이렇습니다.

'아브넬' 이 헤브론에서 죽었다는 소식을 들은 '이스보셋' 은 맥이 풀렸습니다. 아브넬 그에 의해 즉위를 했고 그의 말에 따라 자신의 자리를 지금까지 이어온 이스보셋이었습니다. 그런데 갑자기 그 아브넬이 죽었다는 것입니다. 얼마나 황당했겠습니까. 그러니 온 몸에 힘이 빠질 수밖에요. 당연히 맥이 풀릴 수밖에 없었습니다. 그는 심기일전하지 못했습니다. 그 충격이 얼마나 컸을 지는 가히 가늠이 되고도 남음이 있습니다. 자포자기한 그는 참으로 무기력한 상태가 되고 말았습니다. 누가 있어 이제 자기를 보호해 주겠습니까.

이런 이스보셋에게 '바아나'와 '레갑'이라는 군 지휘관이 있었습니다. 이 바아나와 레갑이라는 사람들은 대단한 기회주의자들입니다. 자신들의 군왕이 이런 참담한 지경에 이르렀는데 위로가 되면 얼마나 좋겠습니까? 그러나 그들은 그런 것은 생각조차 하지 않았습니다. 오히려 이 기회를 자신들의 유익을 위해 악용하려고 기회를 봅니다. 그러면서 오늘 여기서 부대에 쓸 양식을 가지러 가는 체하며 이스보셋의 거처로 갑니다. 양식 창고가 이스보셋의 거처 가까이에 있었으니 왕의 거처로 접근하는 것은 그리 어려운 일이 아니었습니다.

그렇게 딱 들어갔는데 이게 웬 찬스입니까? 마침 이스보셋이 침상에서 낮잠을 자고 있습니다. 그러자 이 두 군장은 자기들이 섬기는 왕 이스보셋의 배를 찔러 암살을 하고 맙니다. 그것도 백주 대낮에 그런 짓을 저지른 것입니다. 그리고는 이스보셋의 머리를 잘라 밤새도록 아라바 길을 달려 다윗이 있는 헤브론으로 갑니다. 그곳에 이른 두 장수는 자신들이 잘라 들고 온 이스보셋의 머리를 다윗에게 바칩니다. 그러면서 머리를 조아리는 그들이 하는 말이 본문 8절입니다.

"… 왕의 생명을 해하려 하던 원수
사울의 아들 이스보셋의 머리가
여기 있나이다."

이런 천인공노할 자들!

이 소리를 들은 다윗이 칭찬을 하겠습니까?

아닙니다. 그들의 말이 끝나기가 무섭게 순식간에 다윗의 진노가 하늘을 찔렀습니다. 바아나와 레갑의 이 악행을 참을 수 없었던 것입니다. 다윗은 이스보셋을 반역한 이 두 장수를 죽이고 맙니다. 그리고 그들의 수족을 잘라 헤브론 못가에 달고 이스보셋의 머리를 아브넬의 무덤에 매장해 줍니다.

여기서 상황을 가만히 들여다보면 참으로 많은 것을 생각하게 됩니다.

자신들의 출세를 위해 악을 행한 사람들이 공의의 하나님의 사람으로부터 받는 준엄한 심판을 보십시오. 그리고 그 사악함을 하나님의 심장으로 보고 엄정하게 결행하는 진정한 하나님의 사람의 모습을 보십시오. 얼마나 우리로 하여금 정신이 번쩍 들게 하는 것인지 말입니다.

지금 가슴 터지도록 억울한 일을 당한 분이 계십니까? 기회는 이때다 싶어 하나님께 여쭙지도 않고 악을 행하기를 주저하지 않는 분이 계십니까?

모두 기억하십시오. 하나님은 살아계시며 모든 것을 보고 계십니다. 당신이 빼든 그 칼날이 당신의 머리로 돌아올 것입니다. 미련하게 행하려는 그 행동을 멈추시기 바랍니다. 참으로 살아계신 하나님을 믿는 당신이라면 말입니다.

사무엘하 4장의 이 광경은 한 마디로 '바람에 나는 겨'와 같은 악인들의 인생 여정을 보여주고 있습니다. 그들의 결말을 가감 없이 보여주고 있습니다.

사울 왕 가문의 몰락은 참으로 안타깝고 비참합니다. 그토록 준수하고 겸손했던 사람, 그래서 하나님께서 이스라엘의 첫 번째 왕위에 올려주셨던 사람, 하나님의 말씀을 순종하고 주의 종 사무엘의 지도에 순종했었던 아름다운 사울, 그러나 그는 끝까지 아름다운 걸음을 달려가지 못했습니다. 그가 처음처럼 변함없이 하나님 앞에서 걸었더라면 그의 가문은 영광의 가문이 될 수 있었을 것입니다. 그러나 그토록 교훈하고 깨우쳐주는 하나님의 선지자 사무엘을 하찮게 여겼습니다. 그야말로 킹 오브 킹(King of King)인 냥 제멋대로 교만했습니다. 그런 사울의 가문은 결코 번성을 거듭할 수 없었습니다. 하나님께서 악을 그대로 묵과하시지 않으셨습니다. 결국 그의 가문은 점점 쇠퇴하여 갔습니다.

그 때나 지금이나 하나님의 말씀은 변함이 없습니다. 하나님은 말씀하신대로 행하시는 분이십니다.

사울 왕이 몰락해 가는 그 출발과 과정을 다시 살펴 볼 필요가 있습니다. 사무엘상 15장으로 거슬러 올라가 11절을 보십시다.

"내가 사울을 왕으로 세운 것을 후회하노니
그가 돌이켜서 나를 따르지 아니하며
내 명령을 행하지 아니하였음이니라 하신지라
사무엘이 근심하여
온 밤을 여호와께 부르짖으니라."

사울은 하나님께서 후회하시고 주의 종이 근심하는 사람이 되었습니다. 참으로 안타깝고 슬프고 아픈 이야기가 아닐 수 없습니다.

아말렉과 전쟁을 하여 승리한 사울은 사무엘이 당부한 하나님의 말씀을 순종하지 않았습니다. 제멋대로 생각하고 제멋대로 행동했습니다. 이것을 하나님은 모두 보고 계셨습니다. 그리고 하나님은 사무엘을 불러 사울을 왕으로 세운 것을 후회하신다고 말씀하셨습니다. 이유는 사울이 하나님의 말씀에 따르지 않았다는 것입니다.

사울은 자기가 행한 모든 것은 다 하나님을 위해 한 것이라고 변명을 늘어놓습니다. 그러나 그의 말을 듣는 사무엘의 말씀은 칼날같이 예리하고 분명했습니다. 사무엘상 15:22~23을 보십시다.

"… 순종이 제사보다 낫고 듣는 것이 숫양의 기름보다 나으니,
이는 거역하는 것은 점치는 죄와 같고
완고한 것은 사신 우상에게 절하는 죄와 같음이라
왕이 여호와의 말씀을 버렸으므로
여호와께서도 왕을 버려 왕이 되지 못하게 하셨나이다."

하나님은 마침내 사울을 버리셨습니다. 그리고 사무엘을 통해 다윗을 사울의 뒤를 이을 이스라엘의 왕으로 기름을 부으셨습니다.

바로 이때부터 사울의 걸음은 서서히 멸망의 길로 들어서고 있습니다.

이러한 사실을 알게 된 그는 다윗을 죽이기 위하여 10년 동안이나 쫓아다닙니다. 그러나 하나님은 그 때마다 다윗을 보호하시고 인도

하셨습니다. 그리고 하나님의 인도와 보호가 떠난 사울의 가문은 보이게, 또 보이지 않게 서서히 몰락해 가기 시작했습니다.

그 내용을 요약하면 이렇습니다.

블레셋과의 전쟁에서 장자 '요나단'과 차자 '아비나답'과 셋째 '말기수아'가 한 자리에서 죽었습니다. 사울 왕이 적병의 화살을 맞고 중상을 입어 너무 괴로워 경호원에게 자기를 죽이라고 합니다. 그러나 경호원은 감히 두려워 그렇게 못합니다. 그러자 스스로 칼을 빼어 자결을 했습니다.

그 후 사울의 군대장관 아브넬이 몰락하는 사울가문을 일으켜 자기 영광을 챙기려고 사울의 남아있던 아들 이스보셋을 왕으로 옹립합니다. 그렇다고 순비되지 못하고 인정받지 못한 사람이 왕이 될리가 있겠습니까? 이름만 왕이지 아무 실권도 없었습니다.

그런 가운데 옹립자 아브넬이 왕처럼 행세를 합니다. 기고만장해진 아브넬 장군은 죽은 사울왕의 첩과 놀아납니다. 이를 알게 된 이스보셋이 어떻게 그럴 수 있느냐고 책망을 합니다. 그러자 아브넬은 적반하장, 이스보셋에게 차마 못할 언행을 합니다. 그리고 이스라엘의 모든 것을 다윗에게 바치겠다고 다윗을 찾아갔습니다.

그의 악행의 결말 또한 비참했습니다. 다윗을 찾아갔다가 다윗의 군장 요압에게 죽임을 당했으니 말입니다.

아브넬이 실패를 하자 이번에는 또 다른 악의 축이 일어납니다. 아브넬의 밑에 있던 지휘관 바아나와 레갑이라는 사람들입니다. 이들은 이 때를 틈타 한밑천 단단히 잡아볼 계략을 행합니다. 잠자고 있던 자기들의 왕 이스보셋을 죽이는 것입니다. 그리고 그의 머리를 베어 다윗에게 바치러 간 것입니다.

그러나 그 악도 하나님께서 간과 하실 리가 없습니다. 그들은 그 악의 열매로 죽임을 당했습니다. 이렇게 사울과 관련된 모든 것은 비참하게 끝을 맺었습니다.

우리는 시편 1:4~6을 너무 잘 압니다.

"악인들은 그렇지 아니함이여 오직 바람에 나는 겨와 같도다.
그러므로 악인들은 심판을 견디지 못하며
죄인들이 의인들의 모임에 들지 못하리로다.
무릇 의인들의 길은 여호와께서 인정하시나
악인들의 길은 망하리로다."

그렇습니다. 악인의 길은 바람에 나는 겨와 같습니다. 그토록 화려하게 이스라엘의 왕으로 등극했던 사울의 가문은 이렇게 비참하게 쇠퇴했습니다.

화려했으나 악인의 삶으로 생을 마감한 성경의 많은 사람들을 생각해보면 하나같이 바람에 나는 겨와 같은 삶이었습니다.

그러나 이런 상황에서도 다윗은 오직 하나님만 사랑하고 의를 행하며 말씀에 순종하면서 살아갔습니다. 그런 다윗의 삶을 보십시다. 가만히 있는데도 사울의 군대장관 아브넬이 이스라엘을 통째로 바치겠다고 찾아왔습니다. 바아나와 레갑이 이스라엘 왕의 머리를 베어 들고 와서 충성하겠다고 했습니다. 그야말로 가만히 있는 데도 사람들이 자꾸 와서 돕겠다는 것입니다. 한 마디로 그야말로 되는 집안입니다.

원인 없는 결과 없다고 이렇게 될 수밖에 없는 이유가 다윗에게 있었습니다. 그의 심중이 향하여 있는 분은 오직 하나님이었습니다. 하나님의 기쁨을 위해서라면 그는 죽는 것도 행복한 사람이었습니다.

그러나 하나님의 이름이, 하나님의 영광이 상할 때는 앞뒤 안 가리고 나서서 불의의 세력을 척결했습니다. 그 대표적인 경우를 골리앗과의 싸움에서 볼 수 있습니다.

그렇지만 개인적으로 겪는 것은 어떤 억울함과 아픔도, 속상함과 괴로움도 다 참고 인내했습니다. 결코 원망하거나 불평하지 않았습니다. 오직 모는 것을 하나님께 맡겼습니다. 그것은 시므이와의 관계에서도 볼 수 있습니다. 뿐만 아니라 다윗 그도 사람이기에 실수하고 죄를 지었습니다. 그러나 정직하게 회개하고 하나님 앞에서 일평생 회개하는 마음으로 오직 하나님만 사랑하면서 살았습니다. 그것은 밧세바와의 관계에서 볼 수 있습니다.

자신을 반대하며 다른 왕을 옹립했다는 사사로운 감정에 얽매어 공과 사를 분별하지 못하는 어리석은 다윗이 아니었습니다. 비록 적군이지만 용서하고 선대하는 삶을 살았습니다. 그러면서도 불의한 행위에 대해서는 단호했습니다. 그 또한 사울의 죽음을 알리고 이스보셋의 머리를 들고 온 사울의 부하들을 여지없이 책망하고 죽이는 모습에서 볼 수 있습니다.

되는 사람에게는 되는 사람이 함께 한다는 말이 있습니다. 사울과 함께 한 사람들은 하나 같이 불의하고 자기만을 생각는 기회주의자들이었습니다.

그러나 다윗과 함께 한 사람들은 하나 같이 의롭고 정직하고 충성스러운 사람들이었습니다. 다윗의 부하가운데는 다윗을 죽이고 다윗을 통해 한밑천 잡아 보자고 생각하는 부하가 단 한 명도 없었습니다. 있다면 오직 하나, 다윗과 함께 죽겠다는, 생사고락을 함께 하겠다는 사람들이 있었습니다. 그러니 다윗도 다윗의 가문도, 다윗의 왕위도, 그와 함께 했던 사람들도 잘되어 갔습니다.

여의도 순복음 교회 초청으로 오산리 기도원 집회 강사로 해마다 올라갑니다. 그때마다 많은 생각을 하게 하는 것 한 가지가 있습니다. 그것은 여의도 순복음교회 성도님들의 조용기 목사님을 향한 마음자리입니다.

제가 보고 느끼는 것은 여의도 순복음교회 장로님들, 성도님들의 생각에는 오직 조용기 목사님의 생각으로 가득차 있는 것입니다. 그런 성도들이니 목사님의 말씀이 하나님의 말씀으로 울려옵니다. 목사님을 사랑하니 말씀이 그립고 말씀에 순종하고 말씀대로 실천합니다. 그러니 교회가 세계 제일의 교회가 되었습니다. 여의도 순복음교회 성도들은 은혜와 감사로 삽니다. 자연히 그 모습이 사랑과 축복으로 충만한 것이 저절로 풍겨나는 것을 볼 수 있었습니다.

우리교회도 그렇습니다. 저 같이 부족한 사람이 목회하는 지방교회가 이렇게 행복한 것은 성도들의 목회자 사랑 때문입니다.

전국교회를 방문하고 세계교회를 방문하여 집회를 하다보면 그렇지 못한 교회도 얼마든지 볼 수 있습니다.

이처럼 교회나 가정이나, 개인이나 국가가 흥왕하고 잘 되어가는 경우가 있습니다. 그런가 하면 그 반대인 경우도 있습니다.

그것은 예수님의 주변으로부터도 얼마든지 볼 수 있습니다. 주님과 함께 죽고 함께 살겠다고 거꾸로 십자가에 못 박혀 죽은 베드로 같은 제자도 있습니다. 그런가 하면 개인적인 사리사욕에 눈이 어두워 주님을 배반한 가룟 유다 같은 제자도 있습니다. 참으로 바람에 나는 겨와 같은 가룟 유다의 삶이었습니다.

바람에 나는 겨와 같지 아니한 삶을 살아가는 사람들이 있습니다. 그들은 시편 1:1~3의 말씀으로 옷을 입고 살아가는 사람들입니다.

"복 있는 사람은
악인들의 꾀를 따르지 아니하며 죄인들의 길에 서지 아니하며
오만한 자들의 자리에 앉지 아니하고,
오직 여호와의 율법을 즐거워하여
그의 율법을 주야로 묵상하는도다.
그는 시냇가에 심은 나무가 철을 따라 열매를 맺으며
그 잎사귀가 마르지 아니함 같으니
그가 하는 모든 일이 다 형통하리로다." 아멘!

우리는 우리 자신을 다시 한 번 돌아보았으면 좋겠습니다. 나는 예수님과 함께 동고동락하는 제자인가? 바람에 나는 겨와 같은 삶을 살고 있지는 않은가?

사랑하는 하나님의 사람인 당신께서 예수님을 닮아 살아가시기를 예수님의 이름으로 축복합니다. 아멘!

10

하나님의 시간표를 보라

"다윗 왕이 헤브론에서
여호와 앞에서
저희와 언약을 세우매
저희가 다윗에게 기름을 부어
이스라엘 왕을 삼으니라
〈사무엘하 5:1~5 중〉."

10. 하나님의 시간표를 보라

다니엘 5장에는 예사로 보아 넘길 수 없는 참으로 두렵고도 놀라운 사건이 기록되어 있습니다.

갈대아의 벨사살 왕이 귀족 일천 명과 더불어 큰 잔치를 베풀었습니다. 잔치를 벌였으니 당연히 부어라 마셔라 술잔이 오고 갑니다. 술을 마시다가 그의 부친 느부갓네살 왕이 예루살렘 성전에서 탈취하여 온 금, 은 그릇을 가져오라고 합니다. 그리고 그것으로 왕후들과 귀인들, 그리고 후궁들과 술을 마셨습니다. 여기까지는 좋았습니다.

그런데 취기가 돌고 있을 법한 그 때 난데없이 사람의 손가락이 나타나서 왕궁 촛대 맞은편 석회 벽에 글자를 쓰는 것이었습니다. 손가락이 붙어 있어야 할 사람의 모습은 보이지 않고 손가락만 나타난 것입니다. 왕은 글자를 쓰는 손가락을 보고 얼굴빛이 변합니다. 기겁을 합니다. 그의 생각이 번민하여 넓적다리 마디가 녹는 듯했습니다. 그의 무릎이 서로 부딪쳤습니다. 그야말로 기절초풍할 일이 벌어진 것입니다.

'술객과 갈대아 술사와 점쟁이를 모두 불러오라, 바벨론의 지혜자들은 그 글자를 해석하라.' 하고 갈대아는 온통 벌집을 쑤셔놓은 듯 난리 법석이 일어났습니다. 그러나 그 누구도 그것을 해석할 수 없었습니다.

왜냐하면 그 글씨는 사람이 쓴 것이 아니었기 때문입니다. 하나님께서 쓰신 글을 사람이 해석할 수는 없었습니다.

더욱 다급해진 왕은 누구든지 해석하면 나라의 세 번째 통치자로 삼겠다고 선포를 합니다. 그래도 그 누구도 해석할 자가 없었습니다. 일이 이렇게 되자 왕은 근심하며 떨게 되었습니다. 그 때 왕비가 들어와서 하나님의 사람 다니엘을 소개합니다.

마침내 다니엘이 불려옵니다. 그리고 그 상황을 보고 왕 앞에서 약속을 합니다. 예물과 상급에 관계없이 왕을 위하여 해석을 하겠다는 것이었습니다. 글의 내용을 해석하기 전에 다니엘은 벨사살에게 정중하게 이야기를 시작했습니다.

"부친 느부갓네살 왕이 하나님의 은총을 입어 천하를 호령하는 권세를 가졌으나 마음이 교만하여 그 왕위가 폐위되고 영광도 빼앗겼습니다. 그리고 사람들 중에서 쫓겨나 들짐승처럼 되어 들 나귀와 소처럼 풀을 먹고 말년이 비참하게 된 것을 왕은 잘 알고 있습니다. 그런데도 왕은 아직도 하나님 앞에서 자신을 낮추지 못하고 교만합니다. 지극히 높으신 하나님의 성전 그릇을 가져다가 그것으로 술을 마시고, 금과 은과 구리와 나무와 돌로 만든 신상을 찬양하며, 살아계신 하나님께 영광을 돌리지 않았습니다. 그래서 왕 앞에서 손가락이 나타나 이 글을 기록하였습니다. 그리고 이 글은 〈메네 메네 데겔 우바르신〉이라는 글입니다. 그것을 해석하면 이렇습니다.

'메네'는 하나님이 이미 왕의 나라의 시대를 세어서 그것을 끝나게 하셨다는 뜻입니다. '데겔'은 왕을 저울에 달아 보니 부족함이 보였다 함입니다. 그리고 '우바르신'은 왕의 나라가 나뉘어서 메대와 바사 사람에게 준 바 되었다는 뜻입니다."

해석을 들은 벨사살은 그 자신의 양심에 의해서 다니엘이 말한 모든 것이 지극히 합당함을 깨달았습니다. 그러므로 다니엘에게 자신이 약속한 상급을 주었습니다. 즉 그에게 자주 옷을 입히고 목에 금목걸이를 걸어주며 그를 위하여 조서를 내려 나라의 셋째 치리자로 삼았습니다. 그리고 그 날 밤으로 벨사살은 죽임을 당합니다. 또한 해석대로 벨사살의 뒤를 이어 메대 사람 다리오가 왕이 됩니다.

이것은 정확한 하나님의 시간표 안에서 진행되는 벨사살 왕의 인생여정이었습니다. 이 사건은 참으로 새삼 하나님의 시간표를 생각하게 하는 내용입니다. 그것이 어디 느부갓네살과 벨사살 왕 뿐이겠습니까?

아닙니다. 오늘을 살아가는 우리의 삶에도 여전히 하나님의 섭리는 진행되고 있습니다. 그러므로 하나님의 시간표를 볼 수 있는 영안을 열고 살아가는 것이 진정한 은혜의 삶이요 축복의 삶입니다.

세계적인 변증가 '오스 기니스'의 『인생』이라는 저서가 한국에서 번역 출판되었습니다. 이 책의 내용 가운데 특별히 마음을 기울여 읽어 볼 내용은 하나님의 창조를 거부하고 진화론을 창설한 사람 다윈의 이야기입니다.

다윈은 아마존 강을 처음 보았을 때 하나님의 손길에 감탄했다고 합니다. 그런 그가 어느 순간 모든 자연을 과학과 통계로 보게 됩니다. 그 후 그는 더 이상 자연 속에서 경이로움을 느낄 수가 없게 되었습니다.

그가 친구의 소개로 헨델의 메시야를 들으러 갔습니다. 처음 그 음악을 들었을 때는 하나님의 임재가 느껴졌다고 합니다. 그런데 과학에 사로잡힌 이후에는 아무것도 느낄 수 없었다고 고백했습니다.

사람들은 하나님을 떠나면 모든 것이 더 풍요로울 것 같다는 착각을 가집니다. 그러나 실상은 오히려 풍요보다 빈곤을 만납니다. 얻는 것이 많은 것이 아니라 잃는 것이 더 많습니다.

오스 기니스의 책이 우리를 깨우치는 것은, 하나님의 시간표를 보지 못하고 과학과 철학과 통계로만 시간표를 읽는 것이 얼마나 어리석은 것인가 하는 것입니다.

교육의 대가 '루소'는 이렇게 말했습니다. "창조주의 손을 떠날 때는 모든 것이 좋았다. 그러나 그것이 사람의 손에 들어와서는 모든 것이 퇴보했다."

이번 본문은 이런 맥락에서 놀라운 메시지를 줍니다. 철저하게 하나님의 시간표를 보는 영안을 열고 살아가는 사람 다윗의 신앙과 삶을 통해서 말입니다.

사울은 왕이 되어 얼마 지나지 않아 하나님의 시간표를 보는 눈이 감겨버렸습니다. 그리고 사람의 시간 개념으로 세상을 보는 삶으로 변질되고 맙니다. 결과는 하나님께 버림을 당하는 것이었습니다. 이 과정들을 우리는 이미 잘 살펴보았습니다.

그런데 그와는 전혀 상반되는 한 소년이 있었습니다. 그는 양들과 함께 어울려 지내면서 그 마음에 오직 하나님만을 생각했습니다. 그가 바로 다윗이었습니다.

하나님은 그를 보고 계셨습니다. 그리고 사무엘로 하여금 이스라엘의 2대 왕으로 세우도록 하십니다. 그렇게 하나님은 당신의 뜻을 착오 없이 이루어가고 계십니다. 이 또한 우리는 배웠습니다.

하나님의 섭리 앞에서 오늘 우리의 삶의 현장을 바라봅니다. 정치, 경제, 종교 모든 분야에 걸쳐 지도자들의 면면을 생각해 봅니다. 그러면서 발견하는 것이 있습니다. 곧 세상적인 시간표대로 살아가는 사람들의 공통된 모습입니다. 또한 하나님의 시간표대로 살아가는 사람들의 행보도 공통됨을 봅니다. 이것이 지극히 보편적인 것이나 그렇다고 결코 대수롭지 않은 것은 아니라는 것입니다.

하나님께서는 이스라엘 민족으로 하여금 홍해를 마른 땅처럼 건너게 하셨습니다. 마라의 쓴 물을 달게 하여 마시게 하셨습니다. 광야에서 만나를 내려 배부르게 먹게 하셨습니다. 르비딤의 반석에서 생수를 나게 하시고 그들로 마시게 하셨습니다. 강한 군대 블레셋을 막아주셨고, 아말렉도 물리쳐 주셨습니다. 바벨론과 앗수르의 포로에서 그들을 자유롭게 하셨습니다.

이 모든 것은 하나님의 시간표 안에서 진행된 이스라엘의 역사입니다. 그런데 이것을 보는 눈을 감고 살았던 당시 지도자들은 모두가 광야에서 멸망하고 말았습니다. 그러나 이것을 보는 눈을 열고 살았던 사람들은 복을 받았습니다.

다윗은 이런 면에서 대단한 믿음의 사람이었습니다. 왜냐하면 하나님의 시간표 안에서 산 사람이기 때문에 그렇습니다.

그는 열일곱 살에 사무엘로부터 '너는 이스라엘의 왕이 될 것이다'라는 증표로 기름부음을 받습니다. 그리고 13년의 세월이 지나 서른 살이 되어서야 왕이 되었습니다. 하지만 그것도 '온전한 이스라엘의 왕'은 아니었습니다.

이번 본문 4~5절에서는 헤브론에서 7년 6개월 동안 반쪽 유다를 다스렸다는 기록도 있습니다. 그런 세월들 속에 온전한 통일 이스라엘의 왕으로 기름부음을 받게 된 결론적인 역사가 먼저 3절에 나타나 있습니다.

이렇게 일이 온전히 이루어지기까지는 언제나 시간이 필요합니다.

성경에는 시간을 뜻하는 용어 두 가지가 있습니다. '크로노스'라는 시간과 '카이로스'라는 시간입니다. '크로노스'란 일반적인 시간을 나타내는 말입니다. 그리고 '카이로스'는 결정적인 시간, 혹은 특정한 하나님의 때를 나타내는 단어입니다. 즉, '하나님께서 개입하시는 시간'이라는 뜻입니다.

하나님께서 인도하시는 것을 보는 눈이 열린 사람은 때를 기다리는 지혜도 갖게 됩니다. 하나님의 시간표를 보는 사람은 하나님의 때를 기다릴 줄 아는 사람입니다. 그런 사람은 자신의 임의대로 하지 않습니다. 제 멋대로 하지 않는다는 말입니다.

갈라디아 6:9에는 다윗의 삶의 여정을 한마디로 표현한 말씀이 있습니다.

"우리가 선을 행하되 낙심하지 말지니

포기하지 아니하면 때가 이르매 거두리라."

다윗은 자신을 죽이기 위해 쫓아오는 추격자 사울의 칼을 피하여 살아온 기막힌 고난의 세월이 10년입니다. 그럼에도 그는 그동안 단 한 번도 악한 생각을 하지 않았습니다. 또한 원수에게 불의한 일도 행하지 않았습니다. 그가 그리할 수 있었던 것은 하나님을 향한 그의 절대 믿음 때문이었습니다.

하나님께서 사무엘을 통해 자신에게 이스라엘의 왕이 되리라는 약속의 기름을 부으신 그 약속을 의심하지 않았습니다. 10년이라는 세월을 오직 믿음으로 하나님의 약속의 때가 올 것을 기다렸습니다.

눈물의 세월이었습니다. 고통의 세월이었습니다. 뼈를 깎고 심장을 도려내는 것 같은 세월이었습니다. 그럼에도 그는 그 모든 것을 하나님을 바라며 인내했습니다. 견뎠습니다.

그리고 마침내 본문의 이 장에 이르러 드디어 다윗은 통일 이스라엘의 왕이 되었습니다. 갈라디아서 6장 9절 "우리가 선을 행하되 낙심하지 말지니 피곤하지 아니하면 때가 이르매 거두리라"는 말씀이 그대로 이루어진 것입니다.

다윗은 이스라엘의 왕이 되기 위하여 세 번이나 기름부음을 받았습니다. 첫 번째는 사무엘을 통해 기름부음을 받고 왕으로 선택을 입었습니다(삼상 16:13). 두 번째는 남쪽 지방 헤브론에서 유다 제사장들을 통해 왕으로 기름부음을 받았습니다(삼하2:4). 세 번째는 이번 분문에서입니다. 참으로 장엄한 광경이 아닐 수 없었을 것입니다. 이 장엄한 그날의 현장으로 우리의 상상력을 동원해서 모두 함께 가 보십시다.

하늘은 맑고 햇살은 눈부시게 빛납니다. 이스라엘의 모든 지파의 모든 군사들이 전열을 갖추고 헤브론으로 모여왔습니다. 그리고 깃발을 펄럭이며 도열하여 섰습니다. 온 백성들이 다 모였습니다. 공식적인 행사가 소집되었다. 이에 이스라엘의 모든 장로들이 다윗에게로 나아왔습니다. 그들은 모두가 한 마음이 되어 다윗을 왕으로 삼고자 합니다(대상12:38).

다윗도 그 어느 때보다 자신을 정결히 하고 기름부음을 받을 준비를 하고 나와 있습니다. 그런 가운데 계약이 체결되었습니다. 쌍방은 이에 서약하고 서명하였습니다. 다윗은, 평상시에는 그들의 사사로서, 그리고 전시에는 그들의 지휘관으로서 그들을 지키겠다는 의무를 짊어졌으며, 그들은 그에게 순종하겠다는 의무를 짊어졌습니다. 그는 그들과 일종의 동맹을 결성하였으며 이에 대하여 하나님께서 증인이 되셨습니다. 즉 '여호와 앞에서' 동맹이 체결되었던 것입니다.

이리하여 마침내 그에게 세 번째의 기름을 부어 민족 전체의 왕으로 삼았습니다(본문 3절). 얼마나 모든 순간이 엄숙하고 장엄했으며 큰 기쁨이 넘쳤겠습니까? 그들은 거기서 사흘 밤낮을 다윗과 함께 지내며 먹고 마시며 크게 기뻐했습니다(대상12:39-40).

이 시간을 기다린 세월이 13년입니다. 13년 동안 다윗의 여정은 고난과 아픔, 외로움과 억울함의 세월이었습니다. 그런 가운데서도 다윗은 항상 하나님의 시간표를 보았습니다. 하나님께서 자기를 위해 일하시는 것을 보고 있었습니다. 하나님의 섭리가 자기 자신의 삶의 여정을 덮고 있음을 보았습니다.

그래서 좌절하지 않았습니다. 결코 원망하거나 불평하지 않습니다. 어떤 경우에도 참고 기다리는 인내의 신앙으로 견디었습니다. 그리고 마침내, 마침내 이스라엘의 왕으로 장엄한 즉위를 하게 되었습니다. 온 백성이 한 마음이 되어 다윗을 왕으로 추대하는 가운데 큰 기쁨이 이스라엘 온 땅을 덮었습니다.

이것이 카이로스입니다. 이것이 바로 하나님께서 개입하시는 시간, 때가 찬 것입니다.

다윗은 어떻게 이런 하나님의 시간표를 볼 수 있었을까요?

좀 더 세세히 짚어 봅시다.

첫째, 다윗은 성령으로 충만했습니다.

그 증거는 사무엘상 16:13에 있습니다.

"사무엘이 기름 뿔병을 가져다가
그의 형제 중에서 그에게 부었더니
이 날 이후로 다윗이 여호와의 영에게 크게 감동 되니라."

그렇습니다. 오늘도 성령으로 충만하면 하나님의 시간표를 볼 수 있습니다. 그러나 하나님의 시간표를 보지 못하고 나아가면 참으로 비참한 모습으로 전락하고 맙니다.

다윗은 항상 기도했습니다. 그러니 항상 영감으로 충만했습니다. 무엇을 하든지 하나님께 묻고 시작했습니다. 전쟁을 하러 갈 때도 하나님의 시간표를 먼저 보았습니다. 사울을 죽일 기회가 왔었어도 하나님의 시간표를 먼저 보았습니다. 아들 압살롬에게 반역을 당할 때도 그랬습니다. 시므이가 저주를 퍼부을 때도 분명한 하나님의 시간표를 보았습니다. 아브넬과 바아나와 레갑이 이스라엘을 통째로 바친다고 아부해 올 때도 그것을 얼씨구나 하면서 인간적인 마음으로 받아들이지 않았습니다. 그는 언제나 절대로 자기 뜻을 앞세우지 않았습니다. 어떤 상황에서든지 오직 하나님의 시간표를 먼저 보았습니다.

바로 이런 여정들이 다윗이 하나님의 영감으로 충만했다는 것을 증명하고 있습니다. 그래서 무엇을 하든지 기도하면서 하나님께 물었습니다. 그리고 하나님의 시간을 기다렸습니다.

위대한 지도자들의 공통점이 바로 여기에 있습니다. 아브라함도 아들을 약속 받은 후 25년을 기다렸습니다. 야곱도 돌베개를 하고 잠을 자다가 사닥다리 환상을 통해 약속을 받았지만 20년을 기다렸습니다. 요셉도 꿈으로 약속을 받았습니다. 그리고 억울한 세월을 13년이나 보내고서야 그 꿈의 응답을 받았습니다. 모세도 애굽을 뛰쳐나와 사명을 수행하기까지 광야에서 양을 치며 40년을 기다려야 했습니다.

중요한 것은 지금 이 상황이 내 뜻인가, 하나님의 뜻인가라는 것을 바로 볼 줄 알아야 한다는 것입니다.

많은 분들이 저에게 교단의 총회장이 될 때가 되었다고 말들을 할 때가 많습니다. 그러나 그 직분을 제가 하고 싶다고 스스로 자원하여 나서는 크로노스의 때를 만들고 싶지는 않습니다. 저는 오직 하나님께서 저를 들어 쓰시려는 때를 기다리는 것입니다.

하나님의 시간표를 보는 사람은 항상 현실에서 최선을 다하는 사람입니다. 결코 헛된 꿈에 사로잡혀 현실을 외면하지 않습니다.

다윗을 보십시오. 목동 시절에는 양떼를 돌보는 일에만 전념했습니다. 사울에게 쫓겨 다니면서도 자기를 따르는 400여명을 먹이고자 최선을 다했습니다. 결코 그들을 굶기지 않았습니다. 승자의 위치에 있을 때도 약자의 현실을 무시하지 않았습니다. 언제나 그들을 돌아보는 마음을 가졌습니다.

저는 목사로서 교회에서 하나님의 시간표를 보는 영안을 열고 신앙생활을 하는 분들과 그렇지 못한 분들을 주목하면서 목회를 하고 있습니다.

하나님의 시간표를 보지 못하는 사람을 지도자로 세웠을 때 그 교회가 얼마나 불행한가는 우리 모두가 너무 잘 압니다. 대부분의 사람들은 지도자가 되려고는 하지만 하나님의 시간표를 보려고는 하지 않습니다. 그런 대부분의 사람들은 교회생활에서 지도자로서는 실패를 합니다.

사랑하는 성도 여러분! 항상 성령으로 충만하시기 바랍니다. 그래서 하나님의 시간표를 보는 승리자가 되시기를 예수님의 이름으로 축복합니다.

둘째, 다윗은 항상 회개하는 마음이었습니다.

그렇게 신실하게 하나님의 시간표를 보면서 살던 다윗의 나이가

50세가 되었을 때 돌이킬 수 없는 죄를 범했습니다. 우리도 참으로 안타까워하는 죄입니다.

자신의 충복인 부하 장수 우리아의 아내 밧세바와 부정한 관계를 갖게 된 것입니다. 불륜을 저질렀습니다. 게다가 자신의 죄를 은폐하려고 충복인 부하 장수를 죽이게까지 하는 참으로 엄청난 죄를 짓습니다. 그로 인해 다윗의 운명은 하나님 앞에 풍전등화와 같이 되었습니다.

그런데 하나님께서는 그런 다윗을 버리지 않으셨습니다. 왜 그러셨을까요? 예, 그렇습니다. 바로 다윗의 회개하는 마음 때문이었습니다. 전심으로 통회하며 회개하는 그 진솔한 마음이 하나님의 용서를 얻고 버림을 당하지 않은 근원이 되었습니다.

이것을 다른 말로 표현할 때 하나님의 시간표를 보는 눈이 다윗에게 있었다는 것입니다. 나단 선지자의 책망 앞에서 다윗은 하나님께서 이 일에 개입하심을 보았습니다. 그리고 자신을 완전히 내려놓았습니다. 절절히 통회하며 회개합니다. 이런 다윗을 보시는 하나님은 전보다 더욱 그를 사랑하셨습니다.

다윗은 참으로 죽을 죄를 지었습니다. 그렇지만 살 수 있는 길 또한 그는 알았습니다. 그것은 철저히 회개하는 것입니다. 그것이 하나님의 시간표를 보는 마음의 눈입니다. 그 눈을 열어서 보니 살 길이 보인 것입니다. 그러므로 그는 진심으로 즉각적인 회개에 들어갔습니다. 시편 51:10~11이 위대한 것은 그의 회개의 절정이기 때문입니다.

"하나님이여
내 속에 정한 마음을 창조하시고
내 안에 정직한 영을 새롭게 하소서.
나를 주 앞에서 쫓아내지 마시며
주의 성령을 내게서 거두지 마소서."

다윗이 얼마나 하나님 앞에서 행하려고 몸부림을 치는 사람인가를 열왕기상 1장에서 또 한 번 볼 수 있습니다.

다윗도 이제는 나이가 많아 늙어 기력이 쇠진했습니다. 그런 탓에 이불을 덮어도 따뜻하지 않았습니다. 그러자 신하들이 나서서 건강하고 아리따운 동녀를 구합니다. 동녀로 하여금 다윗의 침소에서 수종들게 하여 그 왕의 기력을 도우려는 마음에서였습니다. 그렇게 구한 동녀 아비삭을 다윗의 여인으로 삼아 침소에서 수종들게 합니다.

그러나 다윗은 동녀와 동침하지 않았습니다. 왜냐하면 하나님 앞에서 회개한 다윗은 하나님의 시간표를 보고 생활했기 때문에 그런 인간적인 방법으로 자신의 쇠한 기력이 소성하거나 생명의 연장을 가져온다는 생각을 하지 않았기 때문입니다.

인생을 살아가는 동안 완벽한 사람은 아무도 없습니다. 그런 삶 속에 다만 다른 것이 있다면 회개하는 사람과 회개하지 않는 사람이 있을 뿐입니다.

사람은 누구나 실수를 합니다. 누구나 허물이 있고 죄를 범합니다. 죄의 삯은 사망입니다. 그러나 그 사망을 생명으로 바꿀 수 있는 길이 있습니다. 그것은 자신의 잘못을 깨달았을 때 반드시 다윗처럼 회개하는 것입니다. 그것이 살 길입니다. 그것이 하나님의 시간표를 보는 사람의 눈입니다.

셋째, 다윗은 항상 긍휼의 마음이었습니다.

이 본문에서 이스라엘의 모든 지파 장로들이 헤브론의 다윗에게로 와서 그에게 기름을 부어 이스라엘의 왕으로 삼았습니다.

이스라엘의 장로들이 누구입니까?

사울과 함께 다윗을 말할 수 없이 괴롭혔던 정적들입니다. 그러나 이미 사울이 죽었고 이스보셋도 죽었습니다. 또한 그들의 군장 아브넬이 죽었고 바아나와 레갑도 죽어 이스라엘의 국운은 이미 기울었습니다. 이런 때에 이스라엘 장로들이 다윗에게 와서 고백하는 것입니다. 그 내용이 1~2절입니다.

"우리는 왕의 한 골육입니다."
"하나님도 다윗 당신을
이스라엘의 목자가 되리라고 하셨습니다.
이스라엘의 주권자가 되리라 하셨습니다."

조금은 낯 간지러울 법한 말입니다. 이들은 일치단결하여 다윗을 죽이려고 했던 사람들입니다. 참담하도록 다윗을 괴롭혔던 사람들입니다. 그런 그들이 지금에 와서는 이런 말들을 하고 있습니다.

웬만한 사람이라면 속이 뒤틀릴 상황입니다. 그런데도 3절을 보면 다윗은 전혀 그런 내색 없이 그들과 언약을 맺습니다. 용서하고 관용하며 사랑으로 모든 것을 덮습니다.

이럴 수 있는 다윗의 마음은 도대체 어떤 것일까요?

예, 그렇습니다. 그것은 긍휼의 마음입니다. 하나님의 마음입니다. 이 마음을 가지고 있으면 하나님의 시간표가 보입니다. 지금 일어나고 있는 모든 사건이 하나님의 시간표 안에서 진행되고 있다는 것이 보인다는 말입니다. 그것을 믿음으로 받아들인 것이 바로 다윗의 위대함입니다.

자신의 정적인 사울과 이스보셋, 그리고 아브넬이 죽었을 때도 다윗은 그들의 시신을 잘 묻고 장례를 잘 치러 주었습니다. 이 또한 하나님의 시간표 안에서 진행되고 있다는 것을 알았기 때문에 그들을 용서하고 선대할 수 있었던 것입니다.

성령으로 충만하면 하나님의 시간표가 보입니다. 회개하는 마음으로 사건을 보면 하나님의 시간표가 보입니다. 지금 나에게 일어나는 모든 일들을 긍휼의 마음으로 보면 하나님의 시간표가 보입니다.

하나님의 시간표를 보는 마음은 교만할 수가 없습니다. 모든 것을 이해할 수 있습니다. 관용할 수 있습니다. 용서와 사랑이 실천됩니다. 그리할 때 하나님은 가장 좋은 때에, 가장 좋은 것을, 가장 좋은 방법으로 내게 주시는 것입니다.

사랑하는 성도 여러분! 당신들께서도 이런 하나님의 시간표를 보는 안목을 가지시기를 예수님의 이름으로 축복합니다. 아멘!

11

여호와께서 함께 계시니

"만군의 여호와 하나님께서 함께 계시니
다윗이 점점 강성하여 가니라
〈사무엘하 5:6~16 중〉."

11. 여호와께서 함께 계시니

우리가 신앙생활을 하면서 느끼는 가장 감격적인 성경 용어 중의 하나는 '임마누엘' 입니다. 이 단어의 뜻은 "하나님이 우리와 함께 하신다"는 것입니다. '임마누엘'은 '임(With, 함께)', '마누(us, 우리와)', '엘(God, 하나님)' 이 세 단어로 이루어진 합성어입니다. 이 보다 더 좋은 위로와 용기와 희망과 평안의 말은 없을 것 같습니다.

'빙점'의 작가 '미우라 아야꼬'는 "기독교에서는 불교와 같은 염불이 없습니까?"라는 질문을 받은 때가 있었습니다. 그 때 그녀는 이렇게 대답했습니다.

"엄밀히 말하면 기독교에는 염불이 없습니다. 그러나 그와 비슷한 말은 있습니다. '임마누엘, 아멘'이라는 말입니다."

이 대답은 불교에 '나무아미타불'이 있다면 기독교는 '임마누엘, 아멘'이 있다고 한 것입니다.

'나무아미타불(南無阿彌陀佛)'이란 부처에 귀의한다는 뜻의 불교

용어입니다. 불교인들은 이를 외워 말하고 생각하면 왕생(往生)을 얻는다고 합니다. '나무(南無)'는 귀의(歸依), 즉 의지한다는 뜻이고 '아미타불(阿彌陀佛)'은 시공(時空)을 초월한 영원한 부처님이라는 뜻입니다. 그러므로 나무아미타불은 영원한 부처님을 의지한다는 것입니다.

미우라 아야꼬는 이렇게 고백했습니다.

"아멘은 '참으로, 진실로'라고 동의하는 말이며 이것은 세계 공통의 말입니다. 그러므로 '임마누엘, 아멘'이라고 하면 '하나님이 나와 함께 계십니다. 실로 그렇습니다. 감사합니다.'라는 뜻입니다. 나는 오랜 요양생활 가운데 문득 쓸쓸해지면 곧잘 이 '임마누엘, 아멘'을 되뇌었습니다. 그러면 이상하게도 전능하신 하나님께서 내 곁에 계셔서 온전히 나를 지켜주시는 것이 느껴지면서 마음이 평안해지는 것이었습니다."

'임마누엘, 아멘'이 어찌 '미우라 아야꼬'만의 고백이겠습니까. 오늘을 사는 우리 모든 성도들의 한결 같은 고백인 줄 믿습니다.

이번 본문 10절 말씀 "만군의 여호와 하나님께서 함께 계시니"라는 이 말씀이 오늘 여러분에게 그대로 아멘으로 화답되시기를 예수님의 이름으로 축복합니다.

다윗의 생애를 살펴보면 오늘 10절의 이 말씀이 그의 삶의 전부였고 그의 삶의 울타리였으며 그의 삶의 중심이었습니다.

다윗의 강성함은 하나님의 은혜였습니다. 일평생 살아온 자신의 날들을 계수해 보면서 모든 것이 전적으로 하나님의 은혜였음을 그는 한 시도 잊지 않았습니다.

하나님이 함께 하시지 않았다면 다윗은 아무것도 할 수 없었을 사람입니다. 그야말로 별 볼일 없는 존재였을 것이라는 말입니다.

다윗이 목동 시절 양들을 보호하기 위하여 사자나 곰을 쳐 죽인 것도 하나님이 함께 하셨기 때문입니다. 그가 블레셋의 장군 골리앗을 이긴 것도 하나님이 함께 하셨기 때문입니다. 사울의 칼을 피하여 목숨을 이어간 것도 하나님이 함께 하셨기 때문이며, 사울의 군대장관 아브넬이 백기를 들고 항복한 것도 하나님이 함께 하셨기 때문입니다. 이스보셋을 옹위하여 충성하다가 그를 암살하고 이스라엘을 통째로 다윗에게 바치려고 찾아온 레갑과 바아나 장군이 다윗 앞에서 무릎을 꿇은 것도 오직 하나님이 다윗과 함께 하셨기 때문입니다. 이스라엘의 장로들이 헤브론으로 올라와 다윗에게 통일 이스라엘의 왕으로 기름을 부은 거룩한 즉위식도 오직 하나님이 다윗과 함께 하셨기 때문입니다. 다윗의 생애는 오직 한 가지, 하나님이 함께 하심으로 그의 범사가 형통했던 것입니다.

이것을 다윗은 어느 한 날도 잊지 않고 살았습니다. 그래서 그는 세상을 떠나는 임종 시에 놀라운 신앙고백적인 유언을 남겼습니다. 그것이 사무엘하 23:1에 기록되었습니다.

"이는 다윗의 마지막 말이라.
이새의 아들 다윗이 말함이여
높이 세워진 자,
야곱의 하나님께로부터 기름 부음 받은 자,
이스라엘의 노래 잘하는 자가 말하노라."

이 다윗의 마지막 유언에는 4가지의 깊은 뜻이 담겨 있습니다. 첫째는 이새의 아들입니다. 둘째는 높이 세워진 자입니다. 셋째는 기름 부음 받은 자입니다. 그리고 넷째는 이스라엘의 노래 잘하는 자입니다.

이것은 다윗의 명함입니다. '나는 이런 사람입니다.' 라는 고백입니다. 그 내용을 살펴보면 참으로 겸손이 가득합니다. 그 자신은 오직 하나님의 은혜 안에 있음을 드러내는 온전한 자기 고백입니다. 위대한 이스라엘의 왕이지만 그 마음은 언제나 저 시골 촌부(村夫)의 말째 아들이라는 자세를 잃지 않았습니다. 자기가 이스라엘의 왕이 된 것은 자기가 잘나서 된 것이 아니라는 것입니다. 자기 힘이 아니었다는 것입니다. 오직 하나님이 높이 세워주셨기 때문에 가능했다는 겸손입니다. 하찮은 시골뜨기를 기름 부어 거룩하게 구별하여 하나님이 사용하셨다는 겸손입니다.

무엇보다 다윗은 하나님을 찬양하는 것을 즐거워하고 그것이 자신의 삶의 가장 큰 은혜였음을 고백했습니다. 이 모든 고백의 면면에 흐르는 맥이 무엇이겠습니까? 예, 하나님이 함께 하신다는 거짓 없는 고백, 바로 그것입니다.

시편 23편은 우리가 잘 아는 노래입니다. 그것이 다른 이의 노래가 아닌 바로 다윗의 신앙 고백입니다. 그 내용을 함축하면 '하나님이 나와 함께 하시니' 입니다.

그러므로 그는 "여호와는 나의 목자시니 내게 부족함이 없으리로다."라고 노래했던 것입니다.

본문의 6~8절까지의 내용을 보면서 여부스 족속을 예루살렘에서 쫓아 낸 것에 우리는 또 주목할 필요가 있습니다.

다윗이 이스라엘 12지파의 왕으로 즉위를 했습니다. 그렇지만 백성들 더러의 마음은 남과 북으로 나뉘어져 있는 상황입니다. 그리고 그 가운데는 아직도 사울을 그리워하며 다윗이 왕 된 것을 별로 달가워하지 않는 사람들이 있었습니다.

이런 상황을 다윗은 잘 알고 있었습니다. 그의 마음은 온 이스라엘이 하나가 되어 하나님을 경배하기를 원했습니다. 그래서 왕도를 예루살렘으로 옮기기 위해 그곳에 살고 있는 여부스 족속을 몰아냅니다.

왜 여부스 족속이 예루살렘에 살고 있었는가 하는 것은 다시 역사를 거슬러 올라가야 합니다.

하나님의 인도 속에 출애급한 이스라엘 백성들이 지도자 모세를 따라 광야를 거쳐 모압 평지까지 옵니다. 그곳에서 하나님은 모세에게 느보산 비스가 산꼭대기에 올라가 길르앗 온 땅을 보게 하십니다. 장차 이스라엘 백성들이 들어갈 땅입니다. 그러나 모세의 역할은 거기까지였습니다. 임종을 앞둔 모세는 지도권을 여호수아에게 이양하고 하나님의 품으로 돌아갑니다. 그리고 여호수아와 함께 이스라엘 민족들의 정복시대가 시작됩니다. 그 때에 정복한 땅을 분배할 때 예루살렘지역은 베냐민 지파에게 분배가 되었습니다. 그런데 그 베냐민지파가 그 땅에서 살고 있던 여부스 족속을 온전히 몰아내지 못한 까닭에 지금까지 그들이 이곳에 살고 있었던 것입니다.

그런 예루살렘에 있는 여부스 족속들이 다윗을 어떻게 생각했을까요? 두려워하지 않았습니다. 아주 가소롭게 여겼습니다. 그러면서 비웃었습니다. 6절 말씀이 그것을 뒷받침하고 있습니다.

"왕과 그의 부하들이 예루살렘으로 가서
그 땅 주민 여부스 사람을 치려하매
그 사람들이 다윗에게 이르되
네가 결코 이리로 들어오지 못하리라.
맹인과 다리 저는 자라도 너를 물리치리라 하니
그들 생각에는 다윗이 이리로 들어오지 못하리라 함이나"

참으로 자신만만에 오만방자한 사람들의 모습입니다. 그러나 상황은 바로 다음 7절에서 반전이 되었음을 이렇게 기록하고 있습니다.

"다윗이 시온 산성을 빼앗았으니 이는 다윗 성이더라."

자신들의 바로 다음 상황이 어찌 될지도 모르고 그토록 근시안적인 어리석은 짓을 하는 여부스 족속을 하나님께서 다윗에게 붙이셨습니다. 하나님께서 함께 하시는 다윗은 거만하기 이를 데 없던 여부스 족속들에게서 시온 산성을 완승으로 빼앗습니다.

이것이 도대체 얼마만의 세월입니까. 이스라엘 백성들이 여호수아의 인도로 가나안 땅에 들어온 지 200년도 넘었습니다. 그 장구한 세월에도 이스라엘 백성들은 예루살렘에 살고 있던 가나안 원주민인 여부스 사람들을 쫓아내지 못했습니다. 그렇던 것을 다윗이 이렇게 이루어 냈습니다. 통일 이스라엘의 왕이 되어 가장 먼저 한 것이 바로 예루살렘 정복이었습니다. 난공불락의 시온 산성을 취한 것입니다.

"소경과 절뚝발이라도 너를 물리치리라."고 다윗을 조롱했던 여부스 족속이 다윗에게 참패했습니다. 이것은 오직 하나 "만군의 여호와 하나님이 다윗과 함께 하시니" 가능했던 것입니다.

이스라엘 백성들도 다윗의 위대함을 인정하지 않을 수 없게 되었습니다. 하나님께서 함께 하시는 자를 누구라 감히 대적할 수 있겠습니까. 이때로부터 다윗의 세력은 날개를 달고 비상하며 확장되어 갔습니다.

여기서 또 한 가지 깨닫는 것이 있습니다. 오늘을 살아가는 우리의 삶의 중심에도 여부스 족속 같은 세력이 존재하고 있다는 것입니다. 그리고 그런 우리의 중심에 하나님이 계시지 않는 경우들이 있다는 것입니다. 반드시 쫓아내야 할 여부스가 내 삶의 중심에 남아 있어서 하나님을 경외하는 일을 방해하는 일은 없는지 주의하여 살펴보시기 바랍니다. 그리고 단번에 쫓아내시기 바랍니다.

다윗은 예루살렘 성안에 여부스 족속을 두고는 이스라엘의 왕으로서의 사역을 제대로 감당할 수 없었습니다. 그래서 왕으로 즉위한 후 곧바로 제일 먼저 예루살렘의 여부스 족속을 쳐 몰아내었던 것입니다. 그것이 하나님을 향한 다윗의 마음이었습니다.

오늘 우리가 하나님 앞으로 나아가려고 할 때 내 중심에 그것을 가로막고 있는 장애물이 있습니까? 그렇다면 오늘, 그 장애물에게 영적전쟁을 선포하십시오. 그리고 단호하게 쳐부수어 몰아내십시오. 반드시 그렇게 하시고 승리하시기를 예수님의 이름으로 축복합니다. 그리고 오직 온전하게 하나님을 예배할 수 있기를 축복합니다.

아무리 철옹성 같은 성이라도 다윗은 그 성을 치고 들어갈 비밀을 알고 있었습니다. 예루살렘에는 비밀터널인 수구(水口)가 있었습니다. 그런데 지금까지는 이스라엘의 그 누구도 그 비밀 통로를 알지 못했습니다. 그래서 200년이라는 긴 세월이 지나는 동안에도 감히 그 예루살렘을 빼앗지 못했던 것입니다. 그런데 다윗은 그것을 알고 있었습니다. 그리고 그 수구를 통해 예루살렘을 점령했던 것입니다.

여기에 이번 본문의 교훈이 있습니다. 우리가 종종 내 삶의 중심에 도사리고 있는 하나님 앞에서 죄악 된 그 무엇이 있어서 우리가 신앙생활을 잘하지 못하게 할지라도 그것을 치고 이길 수 있는 길이 있다는 것입니다.

그 길이 어떤 것일까요? 오늘 우리 삶의 중심에 도사리고 있는 참으로 간절히 떨쳐버리고 싶은 죄악된 것들을 치고 들어가 쳐부술 수구(水口)는 어떤 것일까요?

기도입니다.

찬양입니다.

말씀입니다.

그리하면 제아무리 난공불락의 성 같은 단단한 문제도 해결될 것을 믿습니다. 이것이 오늘 우리에게 주는 영적 축복의 메시지입니다.

오늘 본문의 주제가 되는 말씀이 10절에서 기록되어 있습니다.

"만군의 여호와 하나님께서 함께 계시니
다윗이 점점 강성하여 가니라."

그렇습니다. 하나님께서 함께 하시면 강성해 집니다. 그러나 하나님께서 함께 하지 아니하시면 모든 것이 몰락입니다. 사무엘 상 하서에는 이 사실이 그림처럼 그려져 있습니다. 어떤 경우에도 하나님께서 함께 하시면 강성해 갑니다. 그 약속의 말씀의 한절로 신명기 11:8을 보겠습니다.

"그러므로 너희는
내가 오늘 너희에게 명하는 모든 명령을 지키라
그리하면 너희가 강성할 것이요…"

그렇습니다. 참으로 그렇습니다. 이 말씀을 꼭 기억하시기 바랍니다. 또한 하나님은 하나님의 자녀가 하나님 앞에서 악을 행하면 대적하는 자들을 강성케 하여 하나님의 백성들을 징계하신다는 것도 잊어서는 안 됩니다. 사사기 3:12 말씀이 이를 가르치고 있습니다.

"이스라엘 자손이 또 여호와의 목전에 악을 행하니라
이스라엘 자손이 여호와의 목전에 악을 행하므로
여호와께서 모압 왕 에글론을 강성하게 하사
그들을 대적하게 하시매"

하나님께서 강성하게 해 주셨는데 그 하나님 앞에서 겸손하지 못하고 교만할 때 하나님은 여지없이 그것을 꺾어버리신다는 말씀입니다. 이러한 사실을 또한 우리는 깨달아야 합니다.

그 실존 인물의 한 예로 역대기하 26:16의 웃시야가 있습니다.

"그가 강성하여지매
그의 마음이 교만하여 악을 행하여
그의 하나님 여호와께 범죄하되
곧 여호와의 성전에 들어가서
향단에 분향하려 한지라."

이 일 후 웃시야는 하나님께 버림을 받아 말년을 비참하게 보내게 되었습니다.

사랑하는 성도 여러분! 깊이 깨달으시기 바랍니다. 우리를 물질로 강성하게 하시는 분도 하나님이십니다. 권력과 명예를 통해 강성하게 하시는 분도 또한 하나님이십니다.

그럼에도 불구하고 우리 가운데는 종종 하나님께 감사치 않는 사람들이 있습니다. 하나님께서 자신을 강성하게 해 주셨음을 잊어버리고 오히려 교만해져서 날뛰는 사람들도 있습니다. 그러다가 종국에는 웃시야처럼 비참하게 꺾여져 버림을 당하는 사람들, 그런 사람들이 있습니다.

조심해야 합니다. 참으로 이런 일을 당하기 전에 경성하여 깨어있어야 합니다. 교만해져서는 안 됩니다. 참으로 그래서는 안 됩니다.

야고보서 1:5의 말씀으로 간곡히 권면합니다.

"너희 중에 누구든지 지혜가 부족하거든
모든 사람에게 후히 주시고
꾸짖지 아니하시는 하나님께 구하라
그리하면 주시리라."

예레미야 33:2~3입니다.

"일을 행하시는 여호와,
그것을 만들며 성취하시는 여호와,
그의 이름을 여호와라 하는 이가
이와 같이 이르시도다.
너는 내게 부르짖으라.
내가 네게 응답하겠고
네가 알지 못하는 크고 은밀한 일을
네게 보이리라."

아멘! 아멘! 아멘입니다.

본문 11~12절의 내용 또한 감동적입니다. 다윗의 치세가 어떤지를 볼 수 있는 장면입니다. 두로왕 히람이 다윗에게 사절을 보내고 백향목과 목수와 석수를 보내 다윗을 위하여 집을 지었다고 했습니다. 이렇게나 다윗의 힘이 주변 강대국에까지 미쳤다는 것입니다. 그보다 더욱 놀라운 말씀이 계속 기록되어 있습니다.

"다윗이 여호와께서 자기를 세우사
이스라엘 왕으로 삼으신 것과
그의 백성 이스라엘을 위하여
그 나라를 높이신 것을 알았더라."

그렇습니다. 이것이 다윗의 마음입니다. 자기에게 일어나는 모든 것은 다 하나님의 은혜라는 것을 깨달았습니다. 그리고 자기 자신의 사명을 새삼 깨닫게 되었습니다. 하나님이 자신을 이스라엘 왕으로 세우시고 그 나라의 국위를 높이신 것은 이스라엘 백성을 위한 것이라는 것을 알았다는 말씀입니다. 누구를 위해서라고요? 예, 그렇습니다. 바로 이스라엘 백성을 위하여!

이 메시지는 정말 중요한 말씀입니다. 교회 지도자들은 자기를 위해 일하면 안 됩니다. 하나님의 나라와 하나님의 백성들을 위하여 자기에게 사명이 주어졌다는 것을 깨달아야 합니다.

이 메시지는 또한 각계각층의 모든 지도자적 위치에 있는 사람들이 깊이 깨닫고 행해야 할 분명한 이유가 있는 말씀입니다.

이어지는 13~16절까지는 다윗의 가문이 번성하여 가는 내용이 계속 열거되어 갑니다. 참으로 담쟁이넝쿨이 가지를 뻗어 담을 넘는 것처럼 번성하고 있습니다. 이러한 모든 것의 중심에 무엇이 있겠습니까? 예, 바로 그것입니다. "만군의 여호와 하나님이 함께 계시니"

이렇게만 되면 맺힌 것도 풀려집니다.

막힌 것도 뚫립니다.

모든 범사가 형통하게 됩니다.

승승장구하여 갑니다. 왜냐하면 그 모든 것에 하나님께서 하시기 때문입니다.

사랑하는 성도 여러분! 여러분의 범사가 그렇기를 바랍니다. 만군의 여호와 하나님께서 일마다 때마다 함께 계시는 복된 삶이 되시기를 예수님의 이름으로 축복하고 또 축복합니다. 아멘!

12

하나님께 여쭈어 보라

"다윗이 여호와께 여쭈어 이르되
내가 블레셋 사람에게로 올라가리이까
여호와께서 그들을 내 손에
넘기시겠나이까 하니
〈사무엘하 5:17~25 중〉."

12. 하나님께 여쭈어 보라

속담에 '물에 빠지면 지푸라기라도 움켜쥔다.'는 말이 있습니다. 위급한 때를 당하면 무엇이나 닥치는 대로 붙잡고 늘어지게 된다는 것을 일컫는 말입니다.

이렇듯 살아가노라면 도대체 이 상황을 어떻게 해야 할지 몰라 허우적거릴 때가 있습니다. 어떻게 해야 할지 모를 답답한 일을 겪을 때가 있습니다. 참으로 사방이 우겨쌈을 당한 것 같은 일을 당하기도 합니다. 이런 일은 겪어보지 않은 사람이라면 절대 이해할 수 없는 부분입니다. 그래서 정초부터 사주팔자를 보거나 점을 치는 일에 가히 생을 걸듯 하는 이들이 있습니다. 이것은 인간의 나약함을 나타내는 현상 중의 하나입니다.

어느 날 갑자기 사면초가(四面楚歌)의 상황에 직면하면 그것의 해결을 위해서 무엇이든지 하려고 하는 것이 사람입니다. 상황이 중요하면 할수록 때론 이성을 잃고 행동을 하기도 합니다. 그런 사람들이 무슨 일인들 못하겠습니까. 그러다 보니 때로는 기독교인들조차 점치러간다는 이야기가 심심찮게 들립니다. 이런 양상은 그 무엇인가를 해결하고자 하는 절박함이 극에 닿은 마음의 표출입니다.

그러나 '아무리 바빠도 바늘허리에 실을 매어 쓸 수는 없다'는 말처럼 사람이란 해야 할 일과 하지 말아야 할 일을 분별할 수 있어야 합니다. 그것이 인간이 짐승과 다른 점입니다.

사람들이 절박한 상황에 처하여 찾게 되는 무속인들에게는 공통점이 있습니다. 자신들이 제시하는 말을 들으면 상황이 종료될 것이라는 말을 한다는 것입니다. 즉 '만사형통(萬事亨通)'이라는 말을 앞세워 '혹세무민(惑世誣民)' 한다는 것입니다. 사람들은 그 말을 듣고 안도의 한숨을 쉬며 무속인들이 하라는 대로 따르는 참으로 안타까운 일들을 자행하며 살고 있습니다. 심히 안쓰러운 일입니다.

인간의 삶이란 그 자체가 여러 가지 문제 가운데 엮어져 가는 것입니다. 그러므로 삶에 아무 문제가 없다는 것은 있을 수가 없는 일입니다. 오히려 문제를 만나는 것이 필연이요 순리입니다. 그래서 우리 인생길에는 늘 크고 작은 문제들이 일어납니다. 중요한 것은 이런 문제들이 일어났을 때 그 해결책을 어디에서 어떻게 찾느냐 하는 것입니다. 여러분은 당면하는 문제들의 해답을 어디서 어떻게 찾으십니까?

이번 본문은 우리가 살면서 만나는 크고 작은 문제들의 해답을 어디에서 찾을 것인가의 답을 제시하고 있습니다. 아주 간단하고 분명합니다.

"하나님께 여쭈어 보라."

얼마나 시원하고 명쾌한지 모릅니다.

그렇습니다. 물어본다는 것은 좋은 방법입니다. 길을 모를 때 물어보면 쉽습니다. 방법을 모를 때 누군가에게 물어보면 그 방법을 쉽게 찾을 수 있습니다. 이것은 우리가 다 아는 상식입니다.

그런데 문제는 대부분의 사람들이 누구에게 물어야 정확한 답을 들을 수 있는지를 알지 못하고 살아간다는 것입니다. 그래서 구약시대에도 사람들은 신접한 자, 박수 등을 찾아가서 물었습니다. 그러나 그것이 얼마나 잘못된 것인가 하는 것을 성경은 여러 곳에서 가르치고 있습니다. 그 말씀을 몇 곳 살펴보겠습니다.

"너희는 신접한 자와 박수를 믿지 말며
그들을 추종하여 스스로 더럽히지 말라
나는 너희 하나님 여호와이니라(레위기 19:31절)."

"접신한 자와 박수무당을 음란하게 따르는 자에게는
내가 진노하여 그를 그의 백성 중에서 끊으리니(레위기 20:6절)"

"…점술가들과 우상 숭배자들과 거짓말하는 모든 자들은
불과 유황으로 타는 못에 던져지리니
이것이 둘째 사망이라(요한계시록 21:8절)."

이와 같은 하나님의 말씀을 공부하고 믿는 그리스도인들까지도 왜 점을 치고 사주를 볼까요? 그 이유는 말로는 하나님을 믿는다고 하지만 실제는 믿음이 없어 항상 불안하고 초조하여 두려운 마음으로 살아가기 때문입니다. 참으로 안타까운 일입니다. 이런 자들을 경계하는 하나님의 말씀이 이사야 57:20~21에 있습니다.

"그러나 악인은 평온함을 얻지 못하고
그 물이 진흙과 더러운 것을 늘 솟구쳐 내는
요동하는 바다와 같으니라.
내 하나님의 말씀에
악인에게는 평강이 없다 하셨느니라."

불안하니까 점을 봅니다. 운세를 봅니다. 그러나 그렇게 한다고 문제가 해결이 됩니까? 불안과 걱정과 근심이 아주 사라집니까?

사랑하는 성도 여러분, 기억하십시오. 참 평안은 오직 하나님만이 주시는 것입니다. 그 외에는 그 누구도, 그 어떤 것도 우리에게 평안을 주는 것은 없습니다. 참 평안은 인간적인 어떤 방법을 사용한다고 얻을 수 있는 것이 아닙니다. 오직 하나님만이 세상이 우리에게 줄 수 없는 평안을 주십니다. 요한복음 14:1 말씀입니다.

"너희는 마음에 근심하지 말라
하나님을 믿으니 또 나를 믿으라."

믿으십시오. 믿는 자에게 주시는 평안의 약속의 말씀이 요한복음 14:27입니다.

"평안을 너희에게 끼치노니
곧 나의 평안을 너희에게 주노라
내가 너희에게 주는 것은 세상이 주는 것과 같지 아니하니라.
너희는 마음에 근심하지도 말고 두려워하지도 말라."

하나님께서 평안을 주시기 전에는 인간에게는 평안이 없습니다. 인간이 평안을 얻기 위하여 그 어떤 방법을 사용해도 평안을 얻을 수 없습니다.

인간생활의 모든 것은 하나님께서 주관하십니다. 살고 죽는 것도 하나님께서 하십니다. 복과 화를 주시고 거두시는 것도 오직 하나님께만 그 주권이 있습니다.

그 중에도 하나님은 우리에게 좋은 것만을 주시기를 원하시고 기뻐하십니다. 예레미야 29:11의 약속의 말씀입니다.

"여호와의 말씀이니라.
너희를 향한 나의 생각을 내가 아나니
평안이요 재앙이 아니니라.
너희에게 미래와 희망을 주는 것이니라."

그렇습니다. 평안은 하나님께서 우리에게 주시는 것입니다. 평안함을 가질 때 두려움이 없습니다. 그래서 늘 평안을 주시는 하나님을 의지합니다.

우리가 살아가면서 답답하고 궁금하고 초조할 때 누구에게 물어보는 것은 좋은 일입니다. 그러나 물어보는 그 대상이 누구냐 하는 것은 아주 중요합니다.

한국 사람들의 약점은 자신의 운명을 점쟁이에게 찾아가 물어본다는 것입니다. 이것은 우리 기독교와는 완전 상치(相馳)되는 행동입니다. 통계를 보면 더욱 분명해 지는 것이 하나 있습니다. 우리나라 점쟁이를 비롯해 무속종교 종사자 숫자가 목회자의 10배에 가깝다고 합니다. 이것은 그만큼 백성들의 점쟁이를 찾는 수가 많다는 말입니다. 속된말로 그 만큼 장사가 된다는 말이지요.

이들을 찾는 사람들의 대부분이 비싼 값을 주고 부적을 사서 집안에 붙여 놓습니다. 그리고는 무슨 문제가 생길 때마다 굿판을 벌입니다. 이것은 한마디로 불안함이 표면적으로 나타난 현상입니다.

기막힌 일은 공공연히 정부 관계부처에서는 이와 같은 행태를 전통문화라는 이름과 혼동하여 우리 사회를 점점 불안하게 하며 정신적 무질서 현상을 부추긴다는 것입니다. 심지어는 남녀노소를 가리지 않고 보는 텔레비전 방송에서조차 버젓이 이런 것들을 방송하고 있습니다. 그럼에도 누구하나 이를 제재하지 않는 것은 더더욱 기막힌 일입니다.

기독교인들조차 일간지 신문, 스포츠 신문에 광고로 등장하는 '재미로 보는 오늘의 운세'라는 것을 들여다보는 일들이 이미 일상화되어 있습니다. 왜 그러냐고 물으면 돌아오는 대답이 아주 걸작입니다. 그야말로 '재미로 본다'는 것입니다. 그 '재미'라는 것이 자신의 일생을 옭아매고 어두움으로 끌고 간다는 것을 영적으로 깨닫지 못하는 것입니다. 우는 사자처럼 삼킬 자를 두루 찾아다니는 사단에게 빌미를 제공하고 있다는 것을 전혀 눈치조차 채지를 못하고 있습니다.

예수 믿는 사람들끼리 결혼을 하면서 날을 잡아야 합니다. 이사가는 날도 따로 좋은 날로 잡아야 합니다.

참으로 웃지 못 할 허무맹랑한 일이 벌어지고 있는 것입니다.

그리스도인들의 날은 365일 다 좋은 날입니다. 왜냐하면 날의 주인이 하나님이시기 때문에 그렇습니다. 우리의 생사화복도 다 하나님이 주관하십니다. 그렇기 때문에 모든 날이 우리에게는 좋은 날, 복된 날, 축복의 날, 감사의 날입니다. 아멘!

베드로전서 5:7~9 말씀을 소개합니다.

"너희 염려를 다 주께 맡기라
이는 그가 너희를 돌보심이라.
근신하라 깨어라
너희 대적 마귀가 우는 사자 같이
두루 다니며 삼킬 자를 찾나니,
너희는 믿음을 굳건하게 하여 그를 대적하라…"

하나님을 믿으면 하나님께 모든 것을 맡기라고 하십니다. 그리고 깨어 근신하라고 하십니다. 우리를 불안하게 하고 근심하게 하고 초조하게 하는 마귀를 대적하라고 하십니다. 어떻게 하라고요? 눈치를 보거나 물러서지 말고 말씀의 검을 들고 당당히 기도로 무장을 하고 대적하라고요. 예수님의 이름으로 대적하란 말입니다.

"사탄아 물러가라." "두려움아 물러가라.", "걱정 근심을 가져오는 귀신아 물러가라." 아멘!

이사야 41:10입니다.

"두려워하지 말라. 내가 너와 함께 함이라.
놀라지 말라. 나는 네 하나님이 됨이라.
내가 너를 굳세게 하리라.
참으로 너를 도와주리라.
참으로 나의 의로운 오른손으로 너를 붙들리라."

성경을 살펴보십시오. 위대한 인물들의 공통점은 언제나 하나님께 여쭈었습니다. 믿음의 조상 아브라함이 그 대표적입니다. 특히 창세기 15장에는 아브라함이 하나님께 여쭙고 하나님께서 대답하시는 내용으로 가득 차 있습니다.

자식이 없을 때는 "주 여호와여 무엇을 내게 주시려 하나이까?"라고 여쭈었습니다. 그 때 하나님은 어루만지시듯 아브라함에게 대답하셨습니다. "하늘을 우러러 뭇별을 셀 수 있나 보라 또 그에게 이르시되 네 자손이 이와 같으리라."

본문은 그런 의미에서 아주 중요한 메시지를 줍니다. 곧 다윗의 하나님을 향한 마음과 삶의 태도입니다. 자신의 '모든 것이 하나님께로부터'라는 사실을 확신하는 믿음이 있는 다윗은 항상 하나님께 여쭙는 생활을 했습니다.

19절에서는 "다윗이 여호와께 여쭈어 이르되"라고 했습니다. 그리고 23절도 같은 내용의 "다윗이 여호와께 여쭈니"라고 기록하고 있습니다. 특히 사무엘상 23장의 다윗과 여호와 하나님과의 1문 1답의 장면이 아주 감동적입니다.

"내가 가서 이 블레셋 사람들을 치리이까?"
"여호와께서 다윗에게 이르시되
가서 블레셋 사람들을 치고 그일라를 구원하라."

하나님께 여쭙고 답을 들은 다윗은 순종하며 나아갑니다. 그리고 블레셋을 치고 그일라를 구했습니다. 그 후 사울이 다윗을 치러 올라온다는 소식을 들은 다윗이 또 하나님께 여쭈었습니다.

"그일라 사람들이 나와 내 사람들을
사울의 손에 넘기겠나이까?"
"여호와께서 이르시되 그들이 너를 넘기리라."

그래서 다윗은 자신의 수하 600명을 데리고 그일라를 떠났습니다. 참으로 부러운 장면이지요? 하나님과 일문일답이라니. 이때만 이렇게 하나님께 여쭌 것이 아닙니다. 오늘 본문 19절에서도 또 하나님과 대화를 하는 다윗을 만납니다.

“다윗이 여호와께 여쭈어 이르되
내가 블레셋 사람에게로 올라가리이까?
여호와께서 그들을 내 손에 넘기시겠나이까? 하니
여호와께서 다윗에게 말씀하시되
올라가라 내가 반드시 블레셋 사람을
네 손에 넘기리라 하신지라.”

말씀하시는 하나님의 대답을 들은 다윗은 블레셋을 맞아 싸워 그들을 격파합니다. 물을 흩음 같이 하나님께서 다윗의 대적을 다 흩으셨습니다.

그리고 22절에 이르러 블레셋 사람들이 또 다시 올라와서 르바임 골짜기에 가득합니다. 이것을 본 다윗이 또 여호와께 여쭈었습니다. 그러자 하나님은 올라가지 말고 그들 뒤로 돌아서 뽕나무 수풀 맞은 편에서 그들을 기습하되 뽕나무 꼭대기에서 걸음 걷는 소리가 들리거든 곧 공격하라고 하셨습니다. 그러면 하나님께서 다윗보다 먼저 앞서 나아가서 블레셋 군대를 치리라 하셨습니다.

이렇게나 가까이 하나님과 다윗이 대화를 하고 있는 장면은 감동 그 자체입니다. 그리고 이 전쟁의 결론이 25절에 나타납니다.

“이에 다윗이 여호와의 명령대로 행하여
블레셋 사람을 쳐서
게바에서 게셀까지 이르니라.”

할렐루야! 이것이 다윗의 신앙입니다. 이것이 다윗의 삶의 자세입니다. 무엇을 하든지 여호와께 여쭙는 생활이었습니다. 그리고 여호와의 명령대로 순종하여 행하는 삶이었습니다.

오늘 우리들도 하나님께 여쭈어 봐야 합니다. 그리고 하나님이 말씀 하시는 대로 살아야 합니다.

민도식 씨의 저서 『자기 경영 콘서트』에 '시간의 가치에 대하여' 라는 글이 실려 있습니다.

'0.001초(秒)의 가치를 알고 싶으면 올림픽 경기에서 은메달을 딴 선수에게 물어보라.

1초(秒)의 가치를 알고 싶으면 버스를 놓친 사람에게 물어보라.

1분(分)의 가치를 알고 싶으면 순간적인 차이로 아찔한 교통사고를 피한 사람에게 물어보라.

1시간(時間)의 가치를 알고 싶으면 약속장소에서 연인을 기다리는 사람이나 어음을 막지 못해 발을 동동 구르는 사업주에게 물어보라.

1일(日)의 가치를 알고 싶으면 생계를 책임지고 있는 가장에게 물어보라.

1주(週)의 가치를 알고 싶으면 시험 발표를 앞둔 수험생이나 가족을 떠나 해외 주재원으로 파견되는 직장인에게 물어보라.

1달(月)의 가치를 알고 싶으면 사형선고를 받은 암환자나 제대를 앞둔 말년 병장에게 물어보라.

1년(年)의 가치를 알고 싶으면 부도 유예를 받은 기업의 CEO나 사랑하는 연인과의 결혼을 약속하고 기다리는 사람에게 물어보라.'

일생(一生)의 가치를 알고 싶으면 어디에 물어봐야 할까요? 답은 하나뿐입니다. “하나님께 여쭈어 보라.” 아멘!

믿음의 선진들은 1초의 모든 것도 하나님께 여쭙는 생활이었습니다. 오늘 우리의 신앙과 삶도 그래야 됩니다.

하나님을 기쁘시게 하는 자, 하나님을 믿는 자, 저와 여러분의 삶의 모든 순간을 하나님께 여쭙고 순종하여 복되고 아름다운 삶을 살기를 예수님의 이름으로 축복합니다. 아멘!

13

질서의 하나님

"여호와 하나님이
웃사의 잘못함을 인하여
진노하사
저를 그곳에서 치시니
저가 거기 하나님의 궤 곁에서
죽으니라
〈사무엘하 6:1~11 중〉."

13. 질서의 하나님

창세기를 연구해 보면 우선 생각하고 정리해야 될 단어가 '질서'라는 것입니다. 하나님께서 천지를 창조하실 때 질서 있게 창조하셨다는 것은 우리가 잘 알고 있는 창조의 이해입니다. 질서 있게 모든 것을 만드실 때마다 하나님은 "보시기에 좋았더라."고 하셨습니다. '보기에 좋다'는 말의 다른 표현으로는 질서가 잡혀있다는 말입니다. 질서정연(秩序整然)하다는 말입니다.

고린도전서 14:33은 하나님이 질서의 하나님이심을 기록하고 있습니다.

"하나님은 무질서의 하나님이 아니시요,
오직 화평의 하나님이시니라…"

그리고 40절에서는 "모든 것을 품위 있게 하고 질서 있게 하라."

고 말씀하십니다.

삼위일체 하나님은 삼라만상을 창조하실 때도 얼마나 질서 있게 창조하셨는지를 우리는 잘 알고 있습니다. 성부 하나님은 만드셨습니다. 성자 하나님은 조직하셨습니다. 그리고 성령 하나님은 적용하셨습니다.

우리 몸의 구조만 봐도 그렇습니다. 하나님께서 만드신 인간의 신체구조는 한 마디로 한 치의 오차도 없는 완벽함입니다. 너무나 질서정연한 걸작입니다.

인간의 뇌 하나만 보더라도 한 마디로 완전한 질서라고 밖에는 달리 설명할 수가 없는 하나님의 완벽한 창조입니다.

독일의 뇌 학자 '에코노모' 박사는 인간의 대뇌는 무게가 약 1,500g이라고 합니다. 이 뇌는 핑크색 제지와 같은 고체로써 두께가 평균 3mm입니다. 또한 그 세포 수는 136억 5,300만개가 되며, 그 한 개의 세포는 소형 트랜지스터 1개의 성능과 같다는 사실을 발표하였습니다. 이 엄청난 세포는 그 모두가 질서정연하게 조화를 이루면서 느끼고, 말하고, 움직이게 하는 신체구조의 센터역할을 하고 있습니다.

'노이만' 박사는 이 세포와 트랜지스터의 비교 논문에서 뇌세포는 트랜지스터보다 속도가 1만~10만 배 빠르다고 발표한 바 있습니다.

이와 같은 뇌를 인간이 평생 얼마나 사용하는가 하는 문제는 학자들 간에 여러 견해가 있지만 어느 누구도 1%까지도 머리를 개발한 사람은 없다는 것이 보편적인 결론입니다.

하나님은 바울을 통해 빌립보서 4:13에서 이렇게 말씀하셨습니다.

"내게 능력 주시는 자 안에서
내가 모든 것을 할 수 있느니라."

뇌 세포 하나만 가지고도 한 치의 오차도 없는 하나님의 창조질서를 깨달을 수 있습니다. 머리에 머리카락이 없다고 생각해 보십시오.

요즘 머리카락 하나 심는데 2,000원이랍니다. 그러니 사람의 머리카락이 보통 10만 개라는데 제 머리카락만도 2억 원의 가치가 넘습니다. 이것을 깨달은 날부터 아침에 머리를 감으면서 10개, 혹은 20개가 빠질 때 하루에 2만 원, 4만 원의 돈이 빠진다고 생각하면 괴롭습니다. 그러나 한 개 빠진 모근에서 다시 머리카락이 솟아납니다. 때로는 한 개 빠졌는데 그곳에서 두 개가 올라오기도 합니다. 이런 신비로움을 깨닫고 감은 머리를 빗으로 다듬으면 2억 원을 만지는 것이 됩니다. 이 기분은 그 가치를 깨달았을 때 경험되는 기쁨입니다.

귀는 왜 얼굴 측면의 양쪽에 각각 한 개씩 붙어 있을까요? 만약에 마귀처럼 머리에 두 개의 귀가 솟아올라 붙어 있다고 생각해 보십시오.

코는 왜 콧구멍이 아래로 뚫려 있는가? 구멍이 위로 뚫려 있다고 생각해 보십시오.

왜 눈은 두 개가 있으며 그 위에 왜 눈썹을 붙여 놓았는가? 눈이 하나라고 생각해 보십시오. 그러면 입은 왜 한 개인가? 입이 두 개라고 생각해 보십시오.

이것이 다 무슨 말이겠습니까? 질서와 무질서를 한 마디로 생각할 수 있는 우리의 신체구조입니다.

누가 창조하셨습니까? 예, 하나님께서 만드셨습니다. 하나님께서 만드셨는데 참으로 기가 막히게 질서정연하게 창조하셨습니다.

필립 얀시(Philip Yancey)를 여러분도 잘 아실 것입니다. 그는 미국 기독교도서 최우수 저서 상을 여섯 번이나 받을 정도로 은혜로운 책을 많이 출간했습니다. 그의 저서 가운데 『놀라운 하나님의 은혜(What's so Amazing About Grace?)』는 많은 사람들이 읽고 은혜를 나눈 책입니다.

그의 저서 가운데 『Fearfully and Wonderfully Made』 라는 책이 있습니다. 이 제목은 시편 139:14절의 인용 구절인데 그가 시편 135편을 중심으로 묵상하다가 이 책을 썼습니다. 이 책은 신체의 모든 구조를 분석하면서, 하나님께서 우리 몸의 각 기관 기관을 만드심에 있어 얼마나 조직적이고 섬세하게 만드셨는지를 설명하고 있습니다. 시편 139:14절의 다윗의 고백을 볼까요?

"내가 주께 감사하옴은 나를 지으심이 심히 기묘하심이라."(I will give thanks to You for I am fearfully and wonderfully made)

기이하고도 묘하게 지으셨다는 표현 외에 다른 말로는 고백이 불가능입니다. 어디 인체만 그렇습니까? 자연의 법칙이 다 그렇습니다. 낮과 밤을 만드신 것과 그것이 운행되는 것은 질서 있게 창조하신 하나님의 신묘하신 섭리입니다.

해가 뜨면 낮이 되고 해가 지면 밤이 됩니다. 그것을 지구의 자전과 공전이라는 단어로 표현합니다. 이 희한한 반복이 하나님의 창조질서입니다. 봄, 여름, 가을, 겨울 이 사계절의 신비로운 변화는 하나님의 창조섭리의 극치를 느낄 수 있는 질서입니다.

봄에 씨앗을 심으면 거기에 맞추어 가랑비가 내려 싹이 트고 자라게 됩니다. 이와 같은 때에 가랑비가 아닌 소낙비가 내리면 씨앗이 발아(發芽)하여 착근하기도 전에 씻겨 내려가 버리고 맙니다. 그런데 희한하게도 이 때는 가랑비가 내립니다. 그러면 지면의 알맞은 수분과 온도로 씨앗이 발아하고 착근합니다.

이것이 어찌 그냥 되는 일이겠습니까. 반드시 필요한 그 어느 것도 쉬지 않고 움직이는 하나님의 창조에 따른 섭리의 질서입니다.

이렇게 발아하고 착근한 식물이 급속하게 성장하는 여름에는 충분한 수분을 필요로 하므로 소낙비를 내리게 하십니다. 온도까지 맞춤으로 하여 햇볕을 내리 쬐게 하십니다.

그러면 꽃이 핍니다. 향기가 지천으로 흩어집니다. 사방에서 벌나비가 날아듭니다. 참으로 부산하나 얼마나 질서정연한지 모릅니다. 그리고 마침내 열매를 맺기까지 또 그 무엇도 쉼 없이 활동을 하게 하십니다.

이렇게 수확을 하고난 겨울이면 나무들은 모든 잎을 떨구고 앙상한 가지만 남습니다. 마치 죽기라도 한 듯합니다. 참혹하게 마른 가지를 보면 정녕 죽은 것만 같습니다. 그러나 그 안에 생명을 꽁꽁 싸매어 부여잡고 모진 겨울을 납니다. 그리고 마침내 봄이 돌아오면 긴 동면(冬眠)을 털고 깨어나 다시 새싹을 틔웁니다.

이렇게 다시 싹을 내는 기적은 우리가 말하는 신비로운 자연의 섭리입니다. 곧 하나님의 창조 질서의 연출입니다.

생명은 참으로 아름답게 설계되어져 있습니다. 호흡하는 것만 생각해도 그렇습니다. 사람은 배드민턴 코트만한 면적의 허파를 가지고 있습니다. 그러나 새는 허파가 아닌 공기주머니를 달고 높은 산을 넘나듭니다. 어류는 허파나 공기주머니가 아닌 아가미를 갖고 있습니다. 이것의 기능이 늘 신선한 산소 공급체계를 유지해 주고 있습니다.

이렇게 온 세상의 모든 것들이 각각의 생활방식에 맞게 만들어져서 살고 있습니다. 이 보다 더 신비한 창조 질서가 어디 있겠습니까. 그래서 시편기자는 기묘하다고 고백한 것입니다. 그 기묘함의 원천은 바로 하나님이시며 그 하나님은 질서의 하나님이십니다.

이와 같은 하나님의 창조질서에는 3가지 기본 틀이 있습니다. 첫째는 위치질서입니다. 둘째는 역할질서이며 셋째는 관계질서입니다.

질서의 반대개념은 무질서입니다. 무질서는 카오스, 곧 혼돈입니다. 혼돈은 마귀의 영역입니다.

질서는 빠릅니다. 편합니다. 아름답습니다. 이처럼 질서로 운행되는 모든 것은 힘이 있습니다. 이 질서가 시행되는 곳은 편합니다. 넉넉합니다. 그리고 평안합니다.

이번 본문은 그런 질서의 내용이 아주 잘 표현되어 있습니다. 이것이 오늘 우리에게 주실 하나님의 메시지입니다.

그 질서를 세분하여 요약하면 대략 세 가지로 나눌 수 있습니다.

위치질서와 역할질서, 그리고 관계질서가 그것입니다. 이것은 하나님의 창조질서의 내용을 그대로 표현하는 것으로써 이번 본문에 고스란히 기록되어 있습니다.

이번 본문은 다윗이 하나님의 언약궤를 다윗성으로 모시는 과정입니다. 그는 이스라엘 왕으로 위임을 받은 후 블레셋을 두 번이나 물리칩니다. 그리고 주변 국가들로부터 능력 있는 왕으로 존경도 받습니다. 이제 이스라엘은 정치, 경제, 사회적으로도 나라가 안정을 찾게 되었습니다.

이렇게 되자 다윗은 그 무엇보다도 하나님의 언약궤를 다윗 성으로 모시고자 하는 마음이 컸습니다. 그 때까지 하나님의 언약궤는 기럇여아림에 있었습니다.

엘리가 제사장이던 당시 블레셋과 아벡 전투가 벌어졌는데 그 때 하나님의 궤를 적군에게 빼앗겼습니다. 그러다가 나중에 '바알레유다'로 궤가 반환되어 옵니다. 그곳은 곧 '기럇여아림'의 아비나답의 집이었는데 그곳에서 약 70년 동안 방치되어 있었습니다.

이 언약궤를 다윗 성으로 모시고 오는 과정이 본문 1~6절까지 기록되어 있습니다. 그런데 이 일이 얼마나 어마어마하고 성대하게 집행이 되고 있는지를 자세하게 기록하고 있습니다. 우리는 이것을 하나하나 살펴보도록 하겠습니다.

하나님의 궤를 모셔오는데 군사는 3만을 선발하였습니다. 수레는 새로 마련하였습니다. 다윗은 이스라엘 온 족속이 온갖 악기를 동원하여 연주를 하게 했습니다.

이런 가운데 하나님의 언약궤를 다윗 성으로 옮기고 있습니다. 얼마나 장관이었을 지는 충분히 상상이 되고도 남음이 있지요? 여러분의 상상력을 최대한 발휘하면 더욱 현장감이 있습니다.

3만이나 되는 군사가 온갖 악기들이 연주되는 가운데 새 수레에 언약궤를 싣고 행진을 하고 있습니다. 온 백성들은 길로 쏟아져 나와 구경을 합니다. 참으로 대단한 광경입니다. 하나님의 언약궤는 이제 '나곤'이라는 사람의 타작마당을 지나고 있습니다.

그런데 이게 웬일입니까? 갑자기 수레를 끌던 소가 펄쩍 뛰는 것입니다. 그러자 언약궤가 수레에서 떨어지려고 합니다. 놀란 웃사가 순간적으로 손을 뻗어 궤를 붙잡습니다. 그러자 하나님께서 그만 이 웃사를 죽여 버리고 말았습니다.

언약궤는 다윗 성으로 옮기지 못하게 되었습니다. 놀란 다윗은 두려워서 하나님의 궤를 '오벧에돔'이라는 사람의 집으로 옮겼습니다. 그렇게 시간이 지나갑니다. 언약궤가 옮겨가서 석 달을 지나는데 하나님께서 오벧에돔의 집에 복을 쏟아 부으셨습니다.

이 내용에서 하나님은 질서의 하나님이라는 사실을 보고 깨달을 수가 있습니다. 그 질서의 하나님은 창조사역에서와 마찬가지로 오늘 우리의 삶을 주관하심에 있어서도 3가지의 질서를 강조하고 계십니다.

1. 위치질서입니다(1~5절).

위치질서는 그 존재가 마땅히 있어야 할 곳에 있는 것을 말합니다. 하나님의 언약궤가 기럇여아림 아비나답의 집에 있는 것은 위치질서가 무너진 것입니다.

있어야 할 곳에 있지 않으면 무질서가 됩니다. 무질서는 하나님의 질서에 위반되는 것입니다. 그런데 참으로 죄송하게도 하나님의 언약궤가 있어야 할 곳에 있지 않았습니다. 그러니 이스라엘의 70년 역사는 어느 하루도 평안한 날이 없었습니다.

그런데 이제 그 언약궤가 다윗 성으로 옮겨 온 것입니다. 제대로 위치를 찾았다는 것입니다. 질서가 제대로 잡혔다는 것을 교훈하시는 것으로 오벧에돔의 집이 복을 받게 하시는 것입니다.

창세기 3:9절은 위치질서가 얼마나 중요한가를 설명하는 말씀입니다.

"여호와 하나님이 아담을 부르시며
그에게 이르시되 네가 어디 있느냐?"

마땅히 있어야 할 곳에 있지 않은 아담을 향하여 하나님은 네 위치가 지금 질서에서 벗어나 있다고 의문형으로 말씀하시는 것입니다.

하나님께서 아담을 부르시는 지금 아담이 어디에 있습니까? 하나님의 동산에서 하나님과 함께 기뻐하면서 지내야 할 아담입니다. 그런데 그 아담이 뱀의 유혹을 받은 아내의 말을 듣고 질서를 파괴했습니다. 그리고 두려워서 자신이 있어야 할 밝은 곳에 있지 못하고 숨어 있었습니다. 그러다가 하나님의 질문을 받고서 대답하는 것이 10절입니다.

"이르되 내가 동산에서 하나님의 소리를 듣고
내가 벗었으므로 두려워하여 숨었나이다."

하나님이 두려워서 숨었다는 것입니다. 하나님이 두렵다는 것은 죄를 지었다는 것입니다. 죄를 지었다는 것은 있어야 할 곳에 있지 않았다는 것입니다. 위치질서를 파괴했다는 것입니다.

그 때나 지금이나 마귀는 우리를 있어야 할 곳에 있지 못하게 합니다. 성도가 있어야 할 곳은 하나님과 함께하는 곳입니다. 그곳이 어디입니까? 기도의 장입니다. 예배의 장입니다. 봉사와 헌신의 장이며 선교와 구제의 장입니다. 그곳에 있으면 하나님께서 함께 하십니다. 하나님께서 우리와 함께 하시는 그 자체가 우리의 복입니다. 아멘!

하나님의 언약궤가 다윗 성으로 옮겨졌다는 것은 위치질서의 회복을 말하는 것입니다.

2. 역할 질서입니다(6~7절).

6~7절은 우리가 보다 주목할 이유가 있는 내용입니다. 왜냐하면 하나님의 언약궤로 인하여 죽임을 당한 사람의 이야기가 있기 때문입니다. 또한 복을 받은 사람의 이야기도 기록되어 있기 때문입니다.

지금의 상황은 법궤가 다윗 성으로 옮겨지고 있는 과정입니다. 다윗과 온 백성들이 전심으로 기뻐합니다. 모든 악기들이 연주되고 있습니다. 3만의 무리들이 언약궤를 호위하며 모시고 가는 장엄하고 웅장한 기쁨의 행렬입니다. 행렬은 이제 막 '나곤'이라는 사람의 타작마당을 지나가고 있습니다. 그런데 갑자기 소가 놀라 뛰기 시작했습니다.

이 부분에 대해서는 여러 가지 분분한 해석들이 있습니다. 소가 비틀거렸다고도 합니다. 소가 진창에 빠졌다고도 합니다. 웃사가 소들을 몰기 위해 가지고 있던 회초리로 쳤다고도 합니다.

어쨌거나 법궤가 흔들려 굴러 떨어지려고 하자 곁에 있던 '아비나답'의 아들 '웃사'가 손을 내밀어 하나님의 궤를 붙잡았습니다.

당연한 일을 했습니다. 좋은 일을 했습니다. 그런데 하나님은 이 일로 웃사를 그 자리에서 죽여 버리고 말았습니다.

문제는 바로 이것이었습니다. 우리가 알아야 할 교훈이 바로 여기에 있습니다.

언약궤는 반드시 레위지파 고핫 자손이 어깨에 메고 운반하도록 규정하고 있습니다(출25:14~15, 민3:27~31). 그것이 법입니다. 그런데 이 법을 지키지 않았습니다.

웃사가 어떤 사람인지 살펴보겠습니다. 그는 법궤가 오랫동안 안치되어 있었던 집의 주인인 아비나답의 아들입니다. 그래서 법궤를 모시는 일에 익숙했던 자입니다. 법궤가 다윗성에 모셔지게 되면 이제 다른 사람들이 법궤를 위하여 수종을 들게 될 것입니다. 그러니 이번이 어쩌면 법궤를 모시는 마지막 기회가 되리라 여겼던 그가 법궤를 운반하는 수레 모는 일을 맡았었습니다.

그의 형제 아효는 길을 내고 필요할 경우 소를 끌기 위하여 앞서

갔습니다. 웃사는 수레에 바짝 붙어 뒤따르고 있었습니다. 그런데 갑자기 법궤가 굴러 떨어질 위기에 처하게 되었습니다. 이에 웃사는 법궤가 굴러 떨어지는 것을 막기 위해 궤를 손으로 붙잡게 되었습니다.

바로 이것이 문제였습니다. 웃사는 레위인의 한 사람이었지만 제사장은 아니었습니다. 하나님의 언약궤는 제사장들만이 손댈 수 있었습니다. 율법은 법궤를 담당했던 고핫 자손들에 대하여 법궤의 손잡이를 잡고 운반할지라도 "성물은 만지지 말라 그들이 죽으리라(민 4:15)"고 명시해 놓고 있습니다. 즉 법궤에 손을 대는 것은, 죽임을 당하리라는 명시적인 조건("죽으리라")하에 레위인에게는 금지되어 있습니다.

그것을 잘 알고 있었을 웃사가 언약궤를 손으로 붙잡았습니다. 법을 위반한 것입니다. 질서를 깨는 무례를 저질렀던 것입니다.

하나님께서는 웃사의 마음속에 있는 무례함과 하나님의 궤에 대한 존경심이 없음을 보셨습니다. 아마도 웃사는 자기가 대단히 오랫동안 법궤에 대하여 친숙해 왔으므로 얼마나 대범하게 법궤를 다룰 수 있는지 이 많은 회중 앞에서 보여주고 싶은 욕심이 생겼을지도 모릅니다. 그래서 하나님은 웃사를 죽이고 말았습니다.

참으로 무섭고도 놀라운 메시지입니다. 이것이 바로 역할 질서를 깬 결과입니다. 해야 할 일과 하지 말아야 할 일을 모르면 이런 결과를 가져옵니다.

창세기 4:9입니다.

"여호와께서 가인에게 이르시되
네 아우 아벨이 어디 있느냐?
그가 이르되 내가 알지 못하나이다.
내가 내 아우를 지키는 자니이까?"

이 말씀은 역할질서의 중요성을 일깨우는 말씀입니다. 자기가 해야 할 일, 자기가 한 일에 대한 분명한 책임을 규명하시는 하나님의 질서입니다.

선한 일을 하고도 침묵하는 선한 사마리아인이나 도르가 같은 사람이 있는가 하면, 악한 일을 하고도 뻔뻔스럽게 얼굴을 쳐들고 항변하는 가인이나 유다 같은 사람도 있습니다.

질서는 하나님의 권위에 순종하는 것입니다. 하나님의 권위에 불순종하는 것이 무질서입니다.

우리가 교회 일을 하는 것도 그렇습니다. 열심만 있다고 되는 것은 아닙니다. 최선을 다 한다고 되는 것이 아닙니다. 디모데후서 2:5에서는 이 모든 일을 규례를 따라 해야 한다고 말씀하고 계십니다.

"경기하는 자가 법대로 경기하지 아니하면
승리자의 관을 얻지 못할 것이며."

그렇습니다. 질서의 하나님은 그 때나 지금이나 역할에 따른 질서를 지키라고 말씀하십니다. 범사의 모든 일은 해야 할 일과 하지 말아야 할 일이 있다는 것입니다. 그래서 로마서 12장과 고린도전서

12장에는 은사에 대해 말씀하시면서 모든 성도는 각자의 역할을 알고 그에 따라 감사와 순종으로 일 해야 한다고 가르쳤던 것입니다.

위치질서와 역할질서가 지켜지지 않아 하나님의 교회가 혼돈으로 마귀의 지배 아래 있게 되는 경우는 참으로 슬픈 일입니다.

3. 관계 질서입니다(8~11절).

다윗은 법궤를 다윗 성으로 옮기는 것이 두려웠습니다. 그러니 법궤를 모시려 하는 사람이 없었습니다. 그랬다가는 어쩌면 웃사처럼 죽을지도 모르는 상황입니다. 그런데 그때 '오벧에돔'이라는 사람이 자기 집으로 궤를 메어 옮겼습니다. 그는 그 어떤 것보다도 오직 하나님을 섬기는 일을 우선순위에 두었습니다. 놀라운 것은 법궤가 오벧에돔의 집에 머무는 동안 하나님께서 그 집에 복을 내리신 것입니다.

이 일을 통해 또 우리에게 깨달음을 주시는 하나님의 은혜가 있습니다. 왜냐하면 하나님과 우리의 중요한 관계질서에 관하여 말씀하시기 때문입니다. 그래서 여기서는 12절의 말씀을 주목하여 보도록 하겠습니다.

"하나님의 궤로 말미암아
오벧에돔의 집과 그의 모든 소유에 복을 주셨다…"

"하나님의 궤로 말미암아"라는 부분이 특별히 마음에 담아 둘 말씀입니다. 하나님의 궤는 단순한 궤짝이 아닙니다. 그 안에 무엇이 들어있는지 아십니까? 시내산에서 모세와 맺은 언약의 돌판이 들어 있습니다.

언약의 돌판이 무엇입니까? 하나님께서 우리에게 주신 십계명이 새겨져 있는 것입니다. 이것은 위치질서를 생각하게 합니다. 계명은 우리로 하여금 마땅히 있어야 할 곳에 있게 하는 힘입니다.

또한 법궤 안에는 만나를 담은 항아리가 들어있습니다. 만나가 무엇입니까? 그것은 이스라엘 백성들이 광야에서 주리지 않도록 하나님께서 공급해 주셨던 생명의 양식입니다. 이것은 역할질서를 생각하게 합니다. 만나는 생명양식이었습니다.

주님의 말씀은 생명양식입니다. 말씀은 우리가 해야 할 일을 하게 하는 능력이요, 우리 삶의 원동력입니다.

뿐이겠습니까. 언약궤 안에는 아론의 싹 난 지팡이도 들어있습니다. 이것은 관계 질서를 생각하게 합니다. 자기 역할에 대해 무지하여 반항했던 백성들을 하나님은 아론의 싹 난 지팡이 하나로 일깨우셨습니다.

바른 관계는 축복이지만 잘못된 관계는 불행입니다. 하나님과의 관계가 무너지면 혼란이 옵니다. 악한 생각을 하게 되고 마음에 평화가 없습니다. 파괴와 혼란의 권세를 잡은 마귀의 도구가 되어 하나님의 질서를 어둡게 합니다. 하나님과의 관계가 단절되고 마귀와 관계를 하게 될 때 어두움이 오는 것입니다.

하나님은 우리의 모든 것이십니다. 우리는 그 분의 자녀들입니다. 그 하나님은 질서의 하나님이십니다. 모든 것은 그 분의 질서의 섭리 속에 이루어졌습니다. 지금도 하나님은 모든 것을 질서를 따라 진행해 가고 계십니다. 하나님 아버지께서 우리에게 주신 것은 아름다운 것입니다. 시편 기자는 이렇게 고백합니다.

"내게 줄로 재어 준 구역은
아름다운 곳에 있음이여
나의 기업이 실로 아름답도다(시편16:6)."

우리의 영적 생활이 질서 속에 있기를 바랍니다. 우리의 일상생활 또한 질서 있는 삶이기를 바랍니다. 그렇게 아름다운 질서 속에 하나님께 영광을 돌리며 복된 삶을 사는 저와 여러분들이 되시기를 예수님의 이름으로 축복합니다. 아멘!

14

복을 받은 가정

"여호와의 궤가
가드 사람 오벧에돔의 집에
석 달을 있었는데
여호와께서 오벧에돔과
그의 온 집에 복을 주시니라
<사무엘하 6:12~15 중>."

14. 복을 받은 가정

5월이 되면 찬송가 중에 마음껏 불러 특별히 하나님을 찬양하고 싶은 곡이 있습니다. 그 곡은 찬송가 559장입니다.

사철에 봄바람 불어 잇고 하나님 아버지 모셨으니
믿음의 반석도 든든하다 우리 집 즐거운 동산이라
고마워라 임마누엘 예수만 섬기는 우리 집
고마워라 임마누엘 복되고 즐거운 하루하루

이 찬양의 가정은 한 마디로 복 받은 가정입니다. 주제가 임마누엘의 은총입니다. 하나님이 함께 하시는 가정이 복 받은 가정이라는 것입니다.

부모님은 자식들을 고이시는데 '고이다'라는 말은 '곱게, 조심하여, 소중하게, 편안히, 그대로, 고스란히'라는 말입니다.

형제들은 사랑에 뭉쳐 생활합니다. 기쁨도 서러움도 함께 합니다. 그러니 한 간의 초가도 천국입니다.

아침과 저녁에는 온 가족들이 함께 일하는 기쁨이 있습니다. 그리고 식사 때는 한 상에 다 같이 둘러앉아 먹고 마시는 행복이 있습니다. 이와 같은 가정이 낙원입니다. 참으로 세상의 모든 사람들이 꿈꾸는 행복한 가정을 노래합니다. 이러한 가정은 그야말로 지상의 낙원입니다.

이 찬송의 핵심이 무엇이겠습니까? 예, 그렇습니다. 하나님입니다. 하나님이 함께 하시는 가정이 복을 받은 가정이라는 것입니다. 여기에는 세상적인 권력이나 명예나 부귀영화 같은 것은 전혀 찾아볼 수가 없습니다.

하나님이 함께 하시면 그 모든 것은 자연스럽게 이루어지는 하나의 열매입니다. 열매는 가지가 있을 때 맺힙니다. 가지는 원 줄기가 튼튼할 때 좋은 가지가 됩니다.

어떤 나무든 시작은 작은 씨앗으로 시작됩니다. 그 씨앗이 바로 말씀입니다. 말씀으로 시작되고 그 말씀을 믿음으로 성장하여 축복의 열매를 맺는 가정이 하나님의 복을 받은 가정입니다. 그런 사람들이 모인 가정이 바로 복 받은 가정입니다.

이번 본문은 그것을 강조합니다. 먼저 11절을 살펴보겠습니다.

"여호와의 궤가
가드 사람 오벧에돔의 집에 석 달을 있었는데
여호와께서 오벧에돔과 그의 온 집에 복을 주시니라."

이 구절로 보면 하나님께서 오벧에돔의 집에 복을 주신 이유는 한 가지입니다. '여호와의 궤'가 오벧에돔의 집에 석 달 동안 있었다는 것, 그것이 이유입니다. 그런데 이 구절만 가지고는 하나님께서 복을 주신 것의 이해가 쉽지 않습니다. 그래서 차근차근 살펴보겠습니다.

법궤를 옮기다가 웃사가 죽게 된 사건을 경험한 다윗은 법궤를 다윗 성으로 옮기기를 싫어했습니다. 그러니 누가 그 법궤를 자기 집으로 모시려 했겠습니까. 그런데 오벧에돔이 그 궤를 자기 집으로 옮겼습니다. 그것이 다윗의 명령이었든지 아니면 자원한 것이었든지 그것은 그리 중요한 것이 아닙니다. 하나님의 궤가 오벧에돔의 집에 있었다는 그 사실이 중요합니다.

오벧에돔은 레위지파 사람이기는 하지만 고라 자손이 아니었기 때문에 실질적으로는 법궤를 관리할 책임이 없었습니다. 웃사가 죽는 것을 본 사람들은 모두가 법궤를 두려워했습니다. 다윗마저도 다윗 성으로 법궤를 옮기려 하지 않았습니다. 그런데 오벧에돔은 그 법궤를 자기 집으로 모셨습니다. 그리고 하나님께서 그와 그의 온 집에 복을 주셨습니다.

여기에는 두 가지의 감춰진 비밀이 있습니다. 첫째는 오직 하나님의 영광이라는 신앙입니다. 둘째는 이를 위한 일사각오의 헌신의 자세입니다. 이것은 그리스도인의 삶의 중심이요 가치이며 목적입니다.

여호와의 궤로 인하여 하나님께서 오벧에돔과 그의 온 집에 복을 주셨다는 보고를 받은 다윗은 곧 바로 여호와의 궤를 다시 다윗 성으로 모셔옵니다. 그 과정이 이번 본문이며 여기에 오늘의 중요한 메시지가 있습니다.

여호와의 궤는 하나님의 임재의 상징입니다. 다시 말하면 하나님이 함께 하시는 삶이 복이라는 말입니다. 세상 모든 것을 다 가져도 하나님이 함께 하시지 않는 것은 복이 아닙니다. 왜냐하면 하나님이 복 그 자체이기 때문입니다. 그렇기 때문에 다윗은 여호와의 궤를 모시는데 온 힘을 기울이고 정성을 다했습니다. 그것이 다윗이 복을 받는 이유였습니다. 그래서 시편 23편에서 다윗은 노래했습니다.

"여호와는 나의 목자시니
내게 부족함이 없으리로다."

왜냐고요? 왜냐하면 하나님이 푸른 풀밭에 누이시며 쉴 만한 물가로 인도하시기 때문입니다. 사망의 음침한 골짜기 같은 생활 가운데도 두렵지 않는 것은 하나님께서 함께 하시기 때문입니다. 그래서 다윗은 여호와의 집에서, 성전에서, 교회에서 영원히 살겠다고 고백을 한 것입니다. 할렐루야!

다윗이 여호와의 궤를 다윗 성으로 옮기는 과정이 언어로는 표현할 수 없는 감동과 기쁨으로 진행되는 것을 볼 수 있습니다. 12절을 보면 하나님의 궤를 기쁨으로 메고 다윗 성으로 올라갔다고 기록하고 있습니다. 13절을 보면 소와 살진 송아지로 제사를 드렸습니다. 14절을 보면 얼마나 좋았든지 여호와 앞에서 힘을 다하여 춤을 추었습니다. 15절을 보면 왕이 그렇게 좋아하니 이스라엘 온 족속이 즐거이 환호하며 나팔을 불고 여호와의 궤를 메어 다윗 성으로 올라갔습니다.

이 내용은 다윗이 하나님을 얼마나 사랑하였는가를 보여주는 내용입니다. 그 사랑은 시작이 다르고 끝이 다른 것이 아니었습니다. 그 사랑은 처음부터 끝까지 변함없는 사랑이었습니다. 그래서 하나님도 다윗을 그렇게나 사랑하셨던 것입니다. 그것이 다윗가정의 복이었습니다. 그 복은 그 가문을 통해 메시아 예수 그리스도가 세상에 오시는 길이 되었습니다. 참으로 복 받은 가정이 아닐 수가 없습니다.

얼마 전에 제35회 해외한인장로회총회가 서울 명성교회에서 회집되었습니다. 강사로 참여했던 제가 목요일 아침 강의를 마치고 나왔을 때였습니다. 한 분이 제게 다가오시더니 이런 말씀을 하셨습니다.

"서 목사님이 복을 받는 이유를 알았습니다. 말씀을 증거 하시는 시종일관 하나님께서 서 목사님과 함께 하심을 보고 느낄 수 있었습니다."

참으로 감사하고 또 감사한 말씀이었습니다. 하나님께서 저와 함께 하신다는 것을 사람들이 보고 느낄 수 있었다니, 하나님께서 저를 통해 당신을 나타내고 계신다니 얼마나 감사한 일인지요. 그러나 한편으로는 저를 추켜세우는 것 같아 면구스럽기도 하고 황송하기도 했습니다.

그래서 제가 응대한 말입니다.

"오늘 제35회 해외한인장로회총회를 모국에서 개최될 수 있도록 기도와 후원을 아끼지 않은 명성교회 당회장 김삼환 목사님을 보면 참으로 하나님께 복을 받은 분이라는 생각을 합니다. 그래서 그 이유를 나름대로 분석하고 찾아보았습니다. 그리고 저도 그러한 삶을 살다보니 언제부터인가 이렇게 복을 받았습니다."

그랬더니 그 분이 또 물으십니다.

"그것이 무엇입니까?" 저는 아주 힘 있게 말씀을 드렸습니다.

"오직 주님입니다."

예, 그렇습니다. 오직 주님! 그것이 하나님께서 복을 주시지 않으실 수 없는 이유입니다. 그 외의 다른 것은 모두가 하나의 가지일 뿐입니다. 오직 주님이 원줄기이십니다. 거기서 모든 가지가 나옵니다. 나무는 가지가 충실할 때 열매를 맺을 수 있습니다.

강의를 끝내고 김삼환 목사님과 차를 나누면서 또 하나의 놀라운 메시지를 받았습니다. 그것은 '오직 주님'에서 연출되는 방법론의 하나였습니다. 그것을 한 마디로 함축하면 재치 있는 삶, 멋있는 목회를 지향하지 말고 하나님이 원하신다면 아멘 하는 삶과 목회를 해야 한다는 것입니다. 인본주의적인 멋은 자기 생각일 뿐이며 정말 중요한 것은 하나님께서 어떻게 생각하시느냐 하는 것이라는 것입니다.

그런 말씀을 들으면서 나도 모르게 눈시울이 젖었습니다. 제35회 해외한인장로회총회에 저 같이 부족한 사람이 강사로 청함을 받은 것도 황송한 일입니다. 그런데 한 시간의 헌신 후 믿음의 형으로부터 듣게 된 한 마디 메시지는 저로 하여금 다시 한 번 놀라운 축복의 걸음을 재촉하는 은혜의 시간이었습니다.

맞습니다. 바로 그것입니다. 하나님이 복을 주시지 않으실 수 없는 이유가 있다면 오직 하나, 하나님을 기쁘시게 하는 것입니다.

이번 본문 내용을 정리하면 바로 그것이 됩니다. 오직 하나님을 기쁘시게 하는 것, 그것뿐입니다. 그것이면 족합니다. 그것이 복을 받는 비결입니다. 그것을 짚어주시는 말씀이 잠언 16:7에 있습니다.

"사람의 행위가 여호와를 기쁘시게 하면
그 사람의 원수라도
그와 더불어 화목하게 하시느니라."

로마서 8:8에서도 말씀하십니다.

"육신에 있는 자들은 하나님을 기쁘시게 할 수 없느니라."

빌립보서 4:18 또한 우리가 주목할 구절입니다.

"내게는 모든 것이 있고 또 풍부한지라
에바브로디도 편에
너희가 준 것을 받으므로 내가 풍족하니
이는 받으실 만한 향기로운 제물이요
하나님을 기쁘시게 한 것이라."

주의 종을 물질로 후원하고 하나님의 선교에 물질로 봉사하는 것은 하나님이 받으실 만한 향기로운 제물이 되고 그것이 하나님을 기쁘시게 하는 것이라는 말씀입니다.

맞습니다. 우리가 살아가는 동안 신앙생활을 하면서 분명한 가치 개념이 정립되어야 할 것은 하나님을 기쁘시게 하는 삶입니다. 생활은 조금 부족해도 좋습니다. 지식 또한 좀 뒤져도 괜찮습니다. 건강이 좀 좋지 않아도 그것도 괜찮습니다. 남들 앞에 내세울 만한 특별한 것이 없으면 어떻습니까? 직분 또한 그렇습니다.

우리가 분명히 인지하고 아멘 할 것이 있습니다. 그것은 하나님 없이 세상의 모든 것을 다 가졌을지라도 그것은 하나님이 함께 하시는 그 어떤 작고 적은 것보다 못하다는 것입니다. 나의 나 됨이 하나님의 은혜라면, 지금 나의 이 모습 그대로를 주님 앞에 연출하는 것이 진정한 삶의 가치요 의미입니다.

본문의 다윗의 마음이 그랬습니다. 그래서 하나님의 궤를 다윗 성으로 옮기는 과정에서 체면도, 위신도, 권위도, 다 내려놓았습니다. 하나님의 언약궤를 모시고 온다는 그 자체만으로도 너무 좋아서 마냥 덩실덩실 춤을 추었습니다.

예수님께서 '하나님의 나라는 어린아이와 같아야 들어갈 수 있다'고 말씀 하신 그 말씀을 본문의 다윗을 통해서 우리는 확인할 수 있습니다.

어느 성탄절에 선물을 받은 때가 있었습니다. 정말 예쁘고 화려하게 포장된 선물이었습니다. 포장지를 푸는 손이 다 떨릴 정도였습니다. 포장지를 열었습니다. 그런데 정작 내용물을 보는 순간 실소(失笑)를 금치 못했습니다. 거기에는 우리 내외의 손수건이 각각 한 장씩 들어있었습니다.

지금 그 선물이 무엇이었던가를 말하려는 것이 아닙니다. 손수건 값보다 포장 값이 더 들었겠다는 생각에 웃음이 나왔습니다.

그것이 우리의 문화입니다. 그래서 우리나라 문화를 포장문화라고 꼬집기도 합니다. 물건은 말할 것 없고 이제는 사람마저도 포장을 하는 것이 너무도 자연스럽고 또 익숙해 있습니다. 사람을 포장을 한다는 말이 무슨 말인가 하고 의아해 하는 분들이 계신 것 같습니다.

어느 날 새벽기도를 마치고 나가는 중이었습니다. 저보다 먼저 기도를 마치고 나가 계셨던 어느 분이 인사를 하셨습니다. 그런데 잘 모르는 얼굴이라 주춤거리며 인사를 받았습니다. 그러자 그 분이 "목사님, 저 아무개에요." 하며 자신을 밝히는데 속으로 깜짝 놀랐습니다. 그분은 저희 교회 집사님이셨습니다. 그런데 제가 알고 있는 집사님의 얼굴이 아니었습니다. 화장을 했을 때의 얼굴과 화장을 하지 않은 그 새벽 집사님의 얼굴은 완전히 딴판이었습니다. 화장술이 참 좋아진 것 같습니다.

그런데 이 같이 화장으로 얼굴 포장을 하는 것도 만족할 수 없는 세태가 이제는 성형으로까지 발전이 되어 아주 얼굴을 뜯어고치고 있습니다. 그러다 보니 특히 이제는 대부분의 연예인들의 얼굴은 개성이 없는 모두 비슷비슷한 얼굴들이 되었습니다. 일반인들도 성형을 마치 주사를 맞으러 가는 것처럼 예사로 하는 새로운 풍속도를 만들어 내고 있습니다. 그것을 나쁘다고 말하려는 것이 아닙니다.

저의 둘째 아들도 성형외과 전문의입니다. 물론 저의 아들은 재활성형을 전공하지만 그래도 성형외과 전문의 아들이 이 설교를 들으면 아버지가 환자 길 막는다고 농담을 하지 않겠습니까?

말씀 드리고자 하는 것은 속사람을 아름답게 하자는 것입니다. 물론 외모도 아름답게 단장을 해야 합니다. 제가 염색을 왜 했겠습니까? 포장입니다. 안 늙어 보이려는 일종의 포장입니다. 아무리 속사람을 아름답게 해도 겉 사람을 보고 판단하는 우리 문화 때문에 저도 이렇게 더러는 외모를 인위적으로 바꾸기도 합니다.

그러나 우리는 하나님의 말씀을 들어야 합니다. 사무엘상 16:7입니다.

"…(생략)내가 보는 것은 사람과 같지 아니하니
사람은 외모를 보거니와
나 여호와는 중심을 보느니라."

그렇습니다. 우리의 중심을 보시는 하나님을 기쁘시게 하는 것이 복을 받는 사람의 모습입니다. 다윗은 그것이 무엇인지를 알았습니다. 오직 하나님을 경배하는 것입니다. 예배하고 기도하고 찬양하는 것입니다. 하나님이 기뻐하시는 것은 예배입니다. 그 이상의 아무것도 없습니다. 그래서 예배하여 망한 사람 없고 예배를 멸시하여 망하지 않은 사람이 없습니다.

복을 받은 가정은 하나님이 항상 함께 하시는 가정입니다. 하나님이 함께 하시는 가정은 말씀이 있습니다. 기도가 있습니다. 찬양이 있고 순종이 있습니다. 거룩함이 있고 희생이 있습니다.

하나님께서 사랑하시는 성도 여러분, 저와 여러분들의 가정이 임마누엘의 가정이 되시기를 축복합니다. 오직 예수님만 섬기는 가정이 되시기를 축복합니다. 그것이 가장 큰 복입니다. 그래서 언제나 복되고 즐거운 가정이 되시기를 예수님의 이름으로 축복합니다. 아멘!

15

여호와 앞에서

"…(생략)그가 네 아버지와 그의 온 집을
버리시고 나를 택하사
나를 여호와의 백성 이스라엘의
주권자로 삼으셨으니
내가 여호와 앞에서 뛰놀리라
〈사무엘하 6:16~23 중〉."

15. 여호와 앞에서

오늘을 살아가는 그리스도인의 삶은 항상 선택의 기로에서 생각하고 행동하게 됩니다. 하나님과 사람이라는 갈림길에서 말입니다.

18년 전 쯤의 일입니다. 대학원 석사과정 기간에 한일 교회사 연구를 위해 일본에 다녀온 일이 있었습니다. 전화를 걸려고 전화박스에 들어갔다가 지갑이 전화기 위에 놓여 있는 것을 발견했습니다. 깜작 놀라 그것을 들고 나와 현지 가이드에게 주면서 경찰서에 신고를 하라고 했습니다. 그런데 돌아온 가이드의 대답을 듣고 얼마나 놀랐는지 모릅니다.

"그 자리에 갖다놓고 오세요. 그것을 잃어버린 사람이 그곳에 오면 가져갈 것입니다."

"아니 그래도 나 같은 목사가 발견 했으니 망정이지 도로 갖다 놓았다가 다른 사람이 가져가버리면 어떡합니까?"

가이드는 말했습니다.

"일본에서는 그런 경우가 거의 없습니다. 다른 사람의 것은 대체적으로 손을 대지 않습니다. 그 자리에 가만 두는 것이 주인이 찾아갈 수 있는 가장 좋은 방법입니다."

얼마나 충격을 받았는지 모릅니다. 그리고 저 자신의 모습은 말할 것도 없고 일반적인 한국인의 의식구조가 저와 같다는 생각에 말할 수 없이 부끄러웠습니다.

한국교회 강단에서는 일본의 기독교인 복음화 율이 1%가 안 된다고 질타하면서 80만의 잡신들이 일본인들의 영혼을 파괴한다고 역설합니다. 그러나 하나님 없는 그들의 삶의 내용은 항상 신전의식(神前意識)으로 살아가고 있다는 것입니다. 반면 하나님을 믿는 복음화 율이 높다고 자랑하는 한국의 기독교인들의 삶의 내용은 하나님 앞에서의 삶이 의식화 되지 못하고 있다는 것을 부끄럽지만 인정하지 않을 수 없습니다.

이번 본문에는 '여호와 앞에서'라는 말이 14절, 16절, 17절, 21절에서 각각 기록되고 있습니다. 14절을 보면 하나님의 법궤가 다윗 성으로 옮겨지는 과정에서 다윗이 얼마나 좋았든지 베 에봇을 입은 상태로 있는 힘을 다해 여호와 앞에서 춤을 추었습니다. 그런데 16절을 보면 여호와 앞에서 춤을 추는 다윗을 다윗성 안에서 창으로 내다보던 그의 아내 미갈이 업신여겼습니다. 21절을 보면 이와 같은 미갈을 향해 다윗은 "이는 여호와 앞에서 한 것이니라."고 일갈합니다.

이 말씀의 핵심이 무엇이겠습니까? 다윗은 어디서, 어떻게, 무엇을 하든지 항상 하나님 중심이라는 것입니다. 그 이상도 그 이하도 아니었습니다. 다윗 그는 오직 하나님이었습니다. 하나님을 기쁘시게 하는 일이라면 자기 자신의 모습이 사람의 눈에 품위가 떨어지는 모습이 된다 해도 아무 상관이 없다는 신앙 자세입니다. 체면과 위신을 구기는 일이라도 전혀 개의치 않는다는 마음입니다.

사도 바울은 데살로니가 교회에 보내는 편지에서 이렇게 권고했습니다.

"오직 하나님께 옳게 여기심을 입어
복음을 위탁 받았으니
우리가 이와 같이 말함은
사람을 기쁘게 하려 함이 아니요
오직 우리 마음을 감찰하시는
하나님을 기쁘시게 하려 함이라(살전 2:4)."

어떤 사람은 신앙생활을 하면서도 '사람 앞에서'가 중심이 되는 것을 봅니다. 사람에게 보이려고 합니다. 모든 행동 기준이 사람입니다. 그러나 예수님께서는 마태복음 6:1과 5절, 그리고 16절에서 이렇게 말씀하셨습니다.

"사람에게 보이려고 그들 앞에서
너희 의를 행하지 않도록 주의하라…(생략)"
"…(생략)그들은 사람에게 보이려고
회당과 큰 거리 어귀에 서서

기도하기를 좋아하느니라."
"…(생략)그들은 금식하는 것을 사람에게 보이려고
얼굴을 흉하게 하느니라…(생략)"

이와 같은 사람들은 이미 자기 상을 받았다고 말씀하셨습니다. 사람 중심으로 살아가는 사람들의 대표적인 인물이 바리새인들이었습니다. 그들은 하나님에 대한 자세가 갖춰지지 않았습니다.

어떤 사람은 신앙생활을 하면서 자기중심으로 살아갑니다. 삶의 기준이 자기입니다. 다른 사람의 시선이나 판단은 상관도 없습니다. 그래서 옷을 입어도 남의 눈을 의식하지 않습니다. 구름 낀 날 선글라스를 끼고 폼을 잡습니다. 속살이 다 드러난 잠옷 같은 옷을 입고 교회에 옵니다. 이런 사람들은 우월감, 자만심, 자기도취에 빠지기 쉽습니다. 이런 사람들은 잘하면 자기 때문이고 잘못되면 그것은 모두 남의 탓입니다.

그런가 하면 신앙생활을 하면서 하나님 앞에서 살아가는 사람이 있습니다. 하나님 앞에서는 '코람 데오'입니다. '코람 데오'란 라틴어 'coram Deo'로써 'coram'은 '앞에'라는 뜻이고, 'Deo'는 '하나님'이라는 뜻입니다. 이 두 단어가 하나의 합성어가 되면서 '하나님 앞에서'가 되었습니다. 영어의 'before the face of God'로 대신할 수 있습니다.

중세 종교 개혁자들의 삶의 중심이 '하나님 앞에서'였습니다. Sola Scriptura(오직 성경), Sola Fide(오직 믿음), Sola Gratia(오직 은혜), Solus Christus(오직 그리스도), Soli Deo Gloria(오직 하나님께 영광)

입니다.

이런 사람은 있는 그대로의 삶을 살아갑니다. 과장하지 않습니다. 그렇다고 위축되지도 않습니다. 좋은 것도, 나쁜 것도, 약한 것도, 강한 것도 있는 그대로 표현합니다.

성도들의 삶은 사람 앞에 잘 보이고 세상 앞에 명예롭고 잘 살기보다는 오직 하나님 앞에서, 하나님의 선하시고 온전한 뜻을 구하며 사는 삶이어야 합니다.

하나님의 궤가 다윗 성으로 올라오는 것이 다윗은 너무 좋았습니다. 온 몸이 감동으로 충만했습니다. 도저히 자기 자신의 감정을 감출 수 없었습니다. 그래서 덩실덩실 춤을 추었습니다. 세상에 이보다 더 기쁘고 좋은 일이 없는 다윗이라 사람의 눈은 전혀 의식하지 않았습니다.

이것이 다윗이 하나님의 복을 누릴 수 있는 비결이었습니다. 다윗은 항상 하나님의 눈을 의식하고 살았습니다. 그래서 그의 삶은 하나님 앞에서의 삶이었습니다. 언제 어디서 무엇을 하든지 하나님이 자신을 보고 계신다는 믿음을 가지고 살았습니다.

시편 139편은 이 같은 다윗의 마음이 잘 표현된 글입니다. 하나님이 자기를 감찰하시고 아신다고 했습니다. 다윗의 앉고 일어섬을 아시며 멀리서도 자기의 생각을 통촉하신다고 했습니다. 자기가 가는 길과 눕는 것과 모든 행위도 아신다고 했습니다. 자기가 하는 모든 말을 알지 못하시는 것이 하나도 없다고 고백했습니다. 그러니 하나님을 떠나 어디로 가며, 어디로 피할 수 있겠느냐고 고백했습니다. 하늘에 올라갈지라도, 음부에 자신의 자리를 펼지라도, 바다 끝에 거할지라도, 거기서도 주의 손이 다윗을 인도하시고 붙드신다고 고백했습니다.

그러나 자기중심적으로 살았던 요나는 어리석게도 하나님의 낯을 피하여 다시스로 갑니다. 그렇게 엇길로 가는 요나의 길에 하나님은 풍랑을 일게 하시고 그를 통하여 요나를 깨우치셨습니다.

예수 믿는 사람들이 포항에서 고스톱을 하면 안 되니 부산에 가서 고스톱을 했다는 농담 같은 이야기가 있습니다. 포항 계시는 하나님이 부산에는 안 계십니까?

비가 오거나 솔개가 하늘을 빙빙 돌면 어미 닭은 병아리들을 자신의 깃 안으로 불러들입니다. 병아리가 많이 부화하면 20여 마리쯤 됩니다. 그러면 그 많은 병아리들이 어미닭의 날개 아래 다 들어가지 못합니다. 그때 보면 가관입니다. 어미닭의 날개 안으로 들어가지 못한 몇몇 병아리들은 머리만 어미닭의 날개 아래 들이밀고 있습니다. 그리고는 자기도 숨었다고 생각하는 것입니다.

오늘 우리 가운데도 하나님 앞에서 이렇게 살아가는 경우들이 있습니다.

본문의 다윗과 미갈의 언행은 정 반대였습니다. 하나님 앞에서 살아가는 다윗의 춤추는 사건은 하나님의 영광을 위해서라면 자기 자신은 사람들에게 우습게 보여도 좋다는 마음 자세입니다.

그렇습니다. 하나님을 향한 진솔한 감정 표현은 천박한 것이 아닙니다. 자기중심적이며 사람 중심적으로 살아가는 사람의 눈에는 다윗의 춤추는 것이 천박하고 수준 이하이며 조금은 모자라는 것처럼 보일 수도 있습니다. 그렇지만 하나님 앞에서 신앙인의 눈으로 볼 때 그것은 하나님을 향한 경외심을 진솔하게 표현한 것으로 보이는 것입니다.

부흥회를 인도하면서 종종 경험하는 것이지만 은혜 받은 사람은 자기 자신의 신분이나 명예는 상관없이 큰 소리로 회개하고 찬송하고 기도합니다. 눈물 콧물이 범벅이 되어 흐느끼면서 찬송하고 기도합니다. 그런 모습이 사람 중심의 눈으로 보면 추해보일지도 모릅니다. 그러나 그 중심을 보시는 하나님의 눈은 그렇지 않습니다. 오히려 그 모습을 최고의 아름다움으로 보십니다. 그 중심의 마음이 모습으로 드러난 것을 인하여 기뻐하십니다. 그리고 그 고백에 합당한 은혜를 더해 주십니다.

그러나 그렇지 못한 사람은 말씀을 통해 은혜를 받지만 자기 자신의 위신과 신분 때문에 그 은혜를 막아 버리고 마는 안타까운 경우를 봅니다.

본문의 미갈이 그랬습니다. 하나님 앞에서 체면도 위신도 다 버리고 춤을 추는 다윗을 향해 왕의 신분으로 그 무슨 추태냐고 업신여겼습니다. 인본적인 미갈의 눈으로 볼 때는 그것이 당연합니다. 그러나 하나님 중심의 다윗의 마음은 달랐습니다. 그것이 21~22절의 고백입니다.

"다윗이 미갈에게 이르되
이는 여호와 앞에서 한 것이니라.
그가 네 아버지와 그의 온 집을 버리시고 나를 택하사
나를 여호와의 백성 이스라엘의 주권자로 삼으셨으니

내가 여호와 앞에서 뛰놀리라.
내가 이보다 더 낮아져서 스스로 천하게 보일지라도
네가 말한바 계집종에게는 내가 높임을 받으리라."

다윗의 행위는 인본적인 눈으로 볼 때는 경망스럽기 짝이 없는 모습입니다. 그러나 하나님 중심의 눈으로 볼 때는 그 보다 더 아름답고 경외감을 주는 모습은 없습니다. 그러기에 다윗은 지금보다 더 낮아지고 천하게 보일지라도 하나님 앞에서 뛰놀겠다고 고백을 했던 것입니다. 이런 다윗의 중심은 오직 하나님입니다.

남을 업신여기는 미갈의 마음은 교만의 소치입니다. 자기 자신의 허물과 부족은 훨씬 더 하면서도 남의 허물과 부족함을 조롱하는 전형적인 자기중심적인 사람이 미갈이었습니다.

이 결과로 인해 미갈은 죽는 날까지 자식이 없었습니다. 그래서 빌립보서 2:3에서 주님은 바울을 통해 교훈하셨습니다.

"아무 일에든지 다툼이나 허영으로 하지 말고
오직 겸손한 마음으로 각각 자기보다 남을 낫게 여기고"

야고보서 4:6입니다.

"…하나님이 교만한 자를 물리치시고
겸손한 자에게 은혜를 주신다 하였느니라."

보디발의 집에 노예로 들어갔던 요셉도 보디발의 아내의 유혹을 받았을 때 '하나님 앞에서'의 신앙으로 물리칠 수 있었습니다.

매주 있는 금요일 저녁 '에바다의 밤' 집회에 거의 나오지 않던 집사님이 참석을 했습니다. 제가 물었습니다.

"웬일입니까?"

그렇게 묻는 저도 돌이켜 생각해 보니 참으로 어이없는 목사였습니다. 예배를 드리러 나온 성도에게 웬일이냐고 물었으니 그 집사님이 얼마나 당황했겠습니까. 한 참 머뭇거리던 집사님이 웃으시면서 이렇게 말씀하셨습니다.

"집에 앉아 있으니 꼭 어디선가 주님이 보고 계신다는 느낌이 들어 도대체 앉아 있을 수가 없었습니다. 이제 제가 철이 드나 봐요. 목사님."

맞습니다. 언제 어디서 무엇을 하든지 하나님 앞에서의 마음을 가지면 경건하고 거룩하고 의롭게 살아갈 수 있습니다.

여러분들이 꼭 기억하실 것이 있습니다. 하나님 앞에서라는 생각을 할 때 두 가지를 기억해야 합니다. 하나는 하나님께서 보고 계시니 범사에 언행을 조심해야 한다는 것입니다. 이것은 어떤 의미에서는 소극적인 경건생활의 방법입니다.

또 하나는 하나님께서 보고 계시기 때문에 보다 더 열심히 하나님을 기쁘시게 할 수 있다는 생각입니다. 다른 말로 하면 하나님께서 보고 계시기 때문에 나에게는 축복을 받을 기회가 된다는 것입니다. 이것은 적극적인 경건생활의 방법입니다.

언제 어디서 무엇을 하든지 '하나님 앞에서'라는 마음을 가지고 살아가면 범사가 축복입니다. 여러분과 저의 신앙생활도 다윗처럼 항상 〈여호와 앞에서〉의 삶이되기를 예수님의 이름으로 축복합니다. 아멘!

16

나는 백향목 궁에 살거늘

"볼지어다 나는 백향목 궁에 살거늘
하나님의 궤는 휘장 가운데에 있도다
〈사무엘하 7:2 중〉."

16. 나는 백향목 궁에 살거늘

주님께서 제게 주신 은사 중의 하나는 예배당 건축인 것 같습니다. 목회 30년 동안 주님의 성전을 건축한 것이 지금까지 세 번 건축이었고, 한 번 증축, 또 한 번은 리모델링이었으며 부대시설은 3동을 신축했습니다.

첫 예배당 건축은 경안노회 구계교회였습니다.

이 교회는 전임 교역자를 모실 수 있는 상황이 못 되는 미자립 교회였습니다. 그래서 주일 설교만 담당하는 교역자가 필요했던 교회였습니다.

당시 저는 일직 중학교에 근무를 하고 있었는데 성서신학원을 졸업했다는 이력으로 고 김기수 목사님께서 주일 설교로 섬기라는 권고의 말씀을 하셨습니다. 그래서 스물여섯의 어린나이에 구계교회 담임 전도사로 부임을 하게 되었습니다.

토요일 해질 무렵 첫 부임을 하여 바라본 성전은 마치 곧 무너질 것 같은 창고와도 같은 모습을 하고 서 있었습니다. 게다가 교인은 모두 17명이었습니다. 그런 예배당에 들어가 제단 앞에 엎드렸을 때 쏟아졌던 눈물은 지금도 잊을 수가 없습니다. 그 때 저는 비록 작기는 했지만 깨끗한 양옥집에서 생활을 하고 있었습니다. 그랬기 때문에 보기조차 민망한 창고 같은 성전에 엎드렸을 때 제일 먼저 저의 입에서 터진 고백이 오늘 본문 2절 다윗의 고백이었습니다.

"나는 백향목 궁에 살거늘 하나님의 궤는 휘장 가운데 있도다."

창고 같은 예배당을 헐고 새 성전을 건축하기 위하여 교회에서 받는 사례비 전액을 건축헌금으로 드렸습니다. 비록 작은 교회, 몇 명 되지 않는 교인이었지만 모두가 마음을 함께 했습니다. 그리고 마침내 부임 2년 만에 시멘트 벽돌집으로 된 예배당을 건축하였습니다. 그렇게 건축된 하나님의 집을 봉헌할 때의 감격은 저의 목회에 있어 참으로 크나큰 축복의 씨를 뿌린 걸음이었습니다.

두 번째 예배당이 경안노회 소호리 교회였습니다.

부임하여 안동 대구 구간의 가장 초라한 흙벽돌 함석 슬레이트 지붕의 기막힌 성전을 보고 얼마나 울었는지 모릅니다. 비가 오면 비가 새고, 바람이 불면 지붕의 함석 슬레이트가 덜거덕 거리는 소리를 들어야 했습니다.

전 재산이라 할 수 있는 양옥집을 팔았습니다. 그리고 가장 먼저 건축헌금을 드렸습니다. 그러자 교인들의 마음도 하나가 되었습니다. 그렇게 마음들을 모아 철근 콘크리트 성전을 짓기 시작했습니다. 드디어 완공을 하고 하나님께 성전을 봉헌할 때의 감회는 또 다른 감동이었습니다. 성전을 봉헌한 후 들려오는 소식은 '안동 대구 구간의 가장 아름다운 예배당'이라며 사람들이 하나님께 영광을 돌리고 있다는 소식이었습니다.

세 번째 부임한 교회가 안동 용상교회였습니다.

갑자기 늘어나는 교인들로 인해 예배당이 협소하여 앉을 자리가 없게 되었습니다. 모든 성도들이 함께하는 마음으로 우선 증축을 하였습니다. 그리고 새 성전 건축을 준비하는 중에 포항중앙교회로 부임을 하였습니다.

네 번째 포항중앙교회에 부임하여 가장 먼저 충격을 받은 것이 교육관 시설이었습니다.

그래서 첫 목회 사역의 관점이 교육관 건축이었습니다. 당시로는 정말 상상도 하지 못했던 교육선교센터가 준공되었을 때는 이것이 꿈인가 생신가 했습니다. 참으로 꿈꾸는 것 같았습니다.

다섯 번째가 지금의 본당 리모델링이었습니다.

말이 리모델링이지 신축에 버금가는 재정을 들여 새롭게 단장을 하여 봉헌을 하게 되었습니다. 너무도 감사한 일입니다.

그리고 성전은 아니지만 교회사역의 귀중한 부속시설로 엘림 실버빌을 여섯 번째로 건축을 했습니다.

일곱 번째로 한 것이 지적장애인 요양보호시설이었습니다.

여덟 번째는 이 나라와 온 세계의 꿈나무들이 기도 속에 사랑을 먹고 자라는 우리교회 유치원입니다.

이제 하나님 앞에서 제 목회 사역의 마지막 건축의 비전이 있습니다. 그것은 평소의 소망인 '장애인 목욕탕'과 또 다음세대를 위한 '종합문화센터'를 건축하는 것입니다. 이 일을 위해 이미 우리는 '향유 옥합 비전헌금'을 시작했습니다.

30여년의 목회 사역의 중심에 이와 같은 성전 건축이 있었던 이유가 있었습니다. 바로 이번 본문 "나는 백향목 궁에 살거늘"이라는 다윗의 고백이 언제나 제 마음에 새겨져 있었기 때문입니다. 이 사실을 하나님과 여러분 앞에 이제야 진솔하게 고백합니다. 이렇게 살아온 저의 목회 30년이었기에 가정살림을 돌아볼 겨를이 없었습니다. 이 세월 내내 가정생활은 정말 어려웠습니다. 아내와 아이들의 고생은 말로 다 표현할 수 없습니다. 그런 세월의 결론은 지금 이렇게 가정도 평안하고 물질적으로 궁핍하지 않다는 것입니다. 나누고 싶을 때 언제나 나눌 수 있게 되었습니다. 섬기고 싶을 때는 언제든지 섬길 수 있는 형편이 되어 있습니다. 어떻게 그렇게 되었냐고 물으시겠습니까? 그 대답은 이번 본문에 있습니다.

본문의 내용을 한 마디로 함축하면 '하나님을 기쁘시게 한 다윗의 마음' 입니다. 하나님이 기뻐하시면 하나님도 우리를 기쁘게 해 주십니다. 그것이 이 본문의 핵심입니다.

그렇습니다. 다윗의 일생은 '어떻게 하면 하나님을 기쁘시게 할까?' 라는 것이었습니다. 하나님이 기뻐하시는 일이라면 자기 자신의 자존심이 곤두박질칠지라도 할 수 있었습니다. 그 어떤 수모도 감당할 수 있었습니다. 뿐만 아니라 그보다 더한 것도 참을 수 있고 그 어떤 것도 할 수 있다는 것이 다윗의 중심이었습니다. 그런 다윗이었기에 왕의 위신도 벗어던질 수 있었습니다. 체면도 아랑곳 하지 않고 훌훌 다 벗어던지고 어린아이처럼 하나님 앞에서 춤을 추었습니다. 백성들이 모두 보는 앞에서 하나님의 궤를 모시고 오는 기쁨을 온 몸과 맘으로 덩실덩실 춤을 추며 표현했습니다.

이런 다윗의 마음이 제게도 있습니다. 하나님께서 기뻐하시는 일이라는 판단이 서면 전심을 다해 그 일을 행하면서 오늘에 이르렀습니다.

성경에는 하나님을 기쁘시게 하는 근본적인 가르침을 주는 곳이 있습니다.

"육신에 있는 자들은
하나님을 기쁘시게 할 수 없느니라(로마서 8:8절)."

"내게는 모든 것이 있고 또 풍부한지라
에바브로디도 편에

너희가 준 것을 받으므로 내가 풍족하니
이는 받으실 만한 향기로운 제물이요
하나님을 기쁘시게 한 것이라(빌립보서 4:18절)."

"믿음이 없이는 하나님을 기쁘시게 하지 못하나니
하나님께 나아가는 자는
반드시 그가 계신 것과 또한 그가 자기를 찾는 자들에게
상주시는 이심을 믿어야 할지니라(히브리서 11:6절)."

저는 이 교회에 부임하여 500여명도 안 되는 교인들이 지금 이 성전을 건축했다는 교회역사를 보았습니다. 그러면서 우리 선배들의 믿음이 오늘의 포항중앙교회를 있게 했다는 사실을 한 시도 잊지 않고 사역하고 있습니다. 그렇기 때문에 우리교회 믿음의 선배들의 역사를 오늘 우리 시대에 꽃피우고 열매 맺어야 할 사명이라는 것을 어느 한 날도 잊은 적이 없습니다. 그러므로 다음세대를 위해 정말 노심초사, 분골쇄신, 불철주야 포항중앙교회 담임목사로서의 사명을 게을리 하지 않기 위하여 달음질 했습니다. 그리고 이제 포항중앙교회는 한국을 넘어 세계의 중앙에 세워지는 은혜를 입었습니다.

이 모든 것이 오직 하나님의 은혜입니다. 복 있는 여러분들의 아름다운 동역이 함께 했습니다.

지금 우리교회는 다시 다음세대를 위한 향유옥합 비전 행진을 시작했습니다. 우리 믿음의 선배들 500여명이 이 예배당을 건축했을 때를 생각하면 1만여 명의 성도가 작은 문화센터 하나 건축할 수 없

겠습니까? 만약 누군가가 할 수 없다고 말한다면, 우리가 다음 세대를 향하여 무슨 말을 할 수 있겠습니까. 그들의 앞 세대가 최선을 다하며 살아간 세대라는 본이 될 수 있을까요? 그렇지 않을 것입니다. 오히려 그야말로 '비참한 세대, 미래를 내다보지 못하는 근시안적인 세대였다' 고 평가받을 것입니다.

미국을 세계 제 1등 국가로 만들어 낸 청교도들의 만날 때 인사는 "단 한 번밖에 없는 인생은 곧 지나갑니다. 오직 하나님의 영광을 위하여 행한 것만이 영원히 남을 수 있습니다."였습니다. 그런 그들이 오직 하나님 신앙으로 오늘의 세계 1등 국가로 미국을 만드는 역사를 이루어왔습니다.

중요한 것은 땅에서 하나님께 복 받은 사람이라면 본문의 다윗과 같은 바로 그런 사람입니다. 그의 마음과 행동하는 신앙이 바로 그를 시골뜨기에서 이스라엘의 왕이 되게 했습니다. 다윗은 그것이 하나님의 은혜임을 알았습니다. 아무리 극한 고난 가운데서 있을지라도 그 은혜를 어느 때도 잊은 일 없는 삶을 살았습니다. 생명을 해하려는 자 앞에서 추격을 당하면서도 잊지 않았습니다. 오직 하나님께서 이루실 것이라는 믿음을 어느 한 시도 버린 일이 없었습니다.

그 믿음의 결과의 증거들이 우리 앞에 있습니다. 1절을 보십시다.

"여호와께서 주위의 모든 원수를 무찌르사
왕으로 궁에 평안히 살게 하신 때에"

하나님의 은혜로 주변 강대국도 다 평정시키고 화려한 다윗왕궁을 건축했습니다. 그렇게 평안하고 행복하게 살아가던 어느 날입니다. 모든 것이 다 잘 되어 만사형통하던 어느 날입니다. 그런 때에 다윗은 마음이 무거웠습니다. 그 마음에 담겨진 하나님을 향한 절절한 송구함이 아픔이 된 것을 드러낸 것이 2절입니다.

"왕이 선지자 나단에게 이르되
볼지어다 나는 백향목 궁에 살거늘
하나님의 궤는 휘장 가운데에 있도다."

다윗의 이 마음이 바로 하나님을 감동시킨 것입니다. 하나님은 이러한 다윗의 마음을 아시고 복에 복을 더하셨습니다. 그 내용이 8~16절까지 기록되어 있습니다. 역대하 6장 8절을 보면 다윗을 생각하는 하나님의 마음이 더욱 잘 나타나 있습니다.

"여호와께서 내 아버지 다윗에게 이르시되
네가 내 이름을 위하여 성전을 건축할 마음이 있으니
이 마음이 네게 있는 것이 좋도다."

지금 다윗은 이스라엘의 왕이 되어 태평성대를 누리고 있습니다. 그런 다윗은 이 모든 것이 하나님의 은혜라는 것을 가장 먼저 생각하고 있습니다. 그런 중에 마음 아파하는 것이 있는데 그것은 다름 아닌 하나님의 성전에 대한 것입니다. 자신은 하나님의 은혜로 좋은 집에 살고 있는데 하나님은 장막 가운데 계셨습니다. 다윗은 그것이 마음이 아팠습니다. 그런 다윗의 거짓 없는 진솔한 마음을 하나님께서 아셨습니다. 하나님을 생각하는 그 갸륵한 마음을 하나님께서 아셨습니다.

얼마나 감동적입니까. 그래서 하나님은 다윗 그에게 복에 복을 더하여 주셨습니다.

여기서 잠시 한 가지 돌아 볼 것이 있습니다. 여러분은 자신의 지난 날 어려웠던 때를 지나 오늘 평안할 때 가장 먼저 무엇이 생각나시는지요? 우리가 지난 날 가난했을 때를 지나 오늘 부요한 삶을 누릴 때 가장 먼저 누가 생각나는지요?

돈을 좀 벌고 허리를 펴고 나니 하나님을 멀찌감치 하고 계신 것은 아닙니까? 잘되어 형통하니 교만하여지고 있지는 않습니까? 세상적으로 별 어려움이 없으니 교회 생활이 게을러지는 생활은 아닙니까?

여러분! 우리 다 함께 고백합시다. "우리는 아닙니다! 나는 아닙니다!"

그렇습니다. 우리 하나님의 사람들, 성도 한 사람, 한 사람은 아닙니다! 힘들고 어려운 가운데서도 우리는 하나님이 기뻐하시는 일을 지금까지 중단 없이 해 왔습니다. 그리고 우리의 가정도, 기업도, 자녀도 더욱 잘 되어 여기까지 이르렀습니다.

하나님의 은혜를 알기에, 그 은혜를 잊지 않고 하나님이 기뻐하시는 일을 우리는 지금까지 진행해 왔습니다. 그렇게 할 수 있는 것은 다윗에게 있던 마음이 우리에게도 있기 때문입니다.

어제도 오늘도 내일도 더욱 우리에게 필요한 것은 다윗의 하나님을 향한 마음입니다. 하나님을 기쁘시게 하고자 하는 마음 하나면 족합니다. 나머지는 우리가 하는 것이 아니라 모든 것을 하나님께서 하시는 것입니다. 그래서 우리교회는 이렇게 복을 받았습니다.

'그렇게 크게 지어 무엇에 다 쓸려고 하느냐?' 라고 하던 교육선교센터는 지금 방이 모자라 즐거운 아우성입니다. 15평도 아니고 150평 전부를 커피숍 하자고 했을 때 '누가 교회 안에 커피 마시러 오겠느냐?' 하던 엘림홀 커피숍은 하루 평균 300여명이 출입을 합니다. 그들은 우리 교회 성도들뿐만이 아닙니다. 오히려 그 중 90%가 우리교회 성도가 아닌 포항시민들입니다.

'교회 도서관이 뭐 그리 소용되겠느냐?' 하던 도서관은 지금 비좁아 전용 도서관이 필요하게 되도록 발선 되었습니다.

북한 주민 돕기를 하자고 재활용센터를 시작할 때 솔직히 어떤 사람은 '1년이 가겠느냐?' 고 농담을 했습니다. 그러나 그것 역시 보다 넓은 곳이 필요한 시점이 된 최고의 아나바다(아끼고 나누며 바꾸어 다시 쓰자)센터가 되었습니다.

언제 주차장에 차를 한 번 가득 채울까 했던 작은 주차장은 지금은 500여대를 주차하고도 자리가 모자라 주일이면 주차전쟁을 치러야 합니다.

'무슨 헌금 봉투가 그렇게 많으냐?' 하는 것이 일반적인 교회의 불평인데 우리교회는 어떤 헌금 봉투도 축복 봉투라고 기뻐하며 믿음으로 분수에 맞게 최선을 다해 감사함으로 동행합니다.

'언제 어디서라도 우리 포항중앙교회 교인들의 행복에 겨운 얼굴을 찾아낼 수 있다' 는 농담은 행복입니다.

교회 성장학에서는 이렇게 가르칩니다.

'살아있는 교회는 항상 은행에 부채가 있다. 예배와 모임의 공간이 부족하여 시장판처럼 분주하고, 아이들의 웃고 떠드는 소리가 멈추지 않는다. 주차 공간이 모자라 마치 전쟁하듯 한다. 얼마 지나면 누가 누군지 모르도록 새 가족이 많다. 일이 많아 때로는 지쳐서 어휴~ 소리가 이곳저곳에서 터져 나온다. 무슨 헌금종류가 그렇게도 많은지 헤아릴 수 없다. 집에 앉아 있으면 도대체 교회가 궁금해서 가만히 있을 수 없는 교인들이 북적대는 교회, 이 교회는 살아있는 교회다. 그러나 죽어가는 교회는 일거리도 없고 아주 평안하고 헌금할 일도 없으며 은행에는 적든 많든 저축 잔고가 불어나고 공동묘지처럼 조용한 교회다.'

우리교회는 어디에 속합니까?

예! 그렇습니다. 살아있는 교회입니다. 우리가 잘나서 우리교회가 이렇게 부흥하고 평안한 교회가 된 것이 아닙니다. 부족하고 모자라는 것 투성이지만 우리의 마음이 다윗 같은 마음이기에 하나님께서 우리교회를 복되게 하신 것입니다. 무엇을 하든 하나님을 먼저 생각하는 마음입니다. 힘들고 어려워도 항상 기뻐하고 쉬지 않고 기도하며 범사에 감사합니다. 돈이 많고 적고, 잘나고 못나고, 힘이 있고 없는 것은 문제가 되지 않습니다. 지금 여기서 하나님을 먼저 생각하는 마음이 복을 받는 마음입니다.

우리주위를 한 번 돌아보십시오. '이만하면 됐다, 내가 잘났다' 고 생각하면 어김없이 마귀가 다가옵니다. 그리고 그를 어김없이 거꾸러뜨립니다.

지난 지방선거 결과를 통해 참 많은 것을 생각했습니다. 오래 전부터 기회가 있을 때마다 한나라당 관계자들에게 자주 권고를 했습니다. 한나라당이 하는 면면이 딱 거꾸러뜨림을 당할 일들만 골라 하는 것 같았기 때문입니다. 그런데도 누구하나 마음을 기울이지 않았습니다. 설마 그렇게 참패할 것이라고는 생각도 하지 못했기 때문입니다. 왜냐하면 여론도 한나라당에 절대적이었고, 대통령 지지율도 상승하고 있었으며, 일어나는 상황이 한나라당 쪽으로 유리하게 전개되었기 때문입니다. 그래서 그 누구도 선거결과를 참패로 예측할 지도자는 거의 없었습니다.

목회자는 기도하는 종입니다. 나라와 민족과 지역사회를 위하여 항상 기도합니다. 하나님은 기도하는 주의 종들에게 늘 먼저 보이시고 깨우치십니다. 그것은 잘 될 때 더욱 낮아지라는 만고불변의 성경의 교훈입니다. 기회가 닿는 대로 말을 했지만 '목사의 말쯤이야!' 하고 예사롭게 흘려듣듯 했습니다.

저는 그런 것을 몇 번 경험했습니다. 그리고 걱정과 두려움이 밀려왔습니다. 결과는 엄청난 심판이었습니다.

이솝 우화를 하나 소개하겠습니다.

장닭 한 마리가 천하를 통일하고 모든 장닭을 다 정복한 후 암탉을 거느리게 되었습니다. 천하가 다 제 손 안에 들어왔으니 얼마나 신이 났겠습니까. 그는 지붕 위에 올라가서 승리의 함성을 질렀습니다.

"나는 천하를 통일했다. 나는 천하의 왕이다."

그 때 하늘에는 눈을 빛내며 먹이를 찾고 있는 독수리가 있었습니다. 그런데 때 마침 은혜롭게도 지붕 위에 웬 준비된 식탁이 있는 것입니다. 굶주린 독수리는 쏜살 같이 날아서 그 예리하고 강한 발톱으로 한 순간에 장닭을 낚아 채갔습니다.

오늘 우리도 마찬가지입니다. 조금 잘 살게 되었다고, 조금 편하게 되었다고, 조금 좋아졌다고, 내가 이렇게 된 것은 하나님의 은혜라는 것을 잊어버리고 '내가' 라는 생각에 빠질 때 한 순간에 꺾어지고 무너진다는 것을 깨달아야 합니다. 모든 것이 하나님의 은혜임을 고백할 줄 알아야 합니다. 그리고 다윗처럼 하나님을 생각해야 합니다.

"나는 백향목 궁에 살거늘
하나님의 궤는 휘장 가운데 있도다."

이 마음을 가질 때 하나님은 더욱 우리에게 복을 더하십니다. 그 내용의 전개는 상상을 불허하는 축복입니다. 다윗의 경우를 볼까요?

8절에서는 '나라의 주권자로 삼겠다' 는 것입니다. 9절에서는 '네 이름을 위대하게 만들어 주리라' 고 하십니다. 10절을 통해서는 '악한 자들이 너를 해하지 못하게 하리라.' 고 하십니다. 11절에서는 '편히 쉬게 하리라.' 고 약속하십니다. 12절에서는 '네 아들로 나라를 견고하게 하리라.' 고 하십니다.

그리고 13~15절에서는 '네 아들이 성전을 짓게 하리라. 그리고 그의 왕위를 견고하게 하리라. 은총을 빼앗지 않으리라.' 하십니다.

그 뿐입니까? 또 있습니다. 16절에서는 '네 집과 네 나라가 영원히 견고하리라.'고 하셨습니다. '네 집과, 네 나라가 영원히 견고하리라…'

다윗에게 주신 이 은총이 오늘 저와 여러분의 것이 되기를 예수님의 이름으로 축복합니다. 아멘!

"나는 백향목 궁에 살거늘 하나님의 궤는 휘장 가운데 있도다." 하는 하나님을 생각하는 다윗의 마음을 가지고 하나님을 기쁘시게 하는 저와 여러분의 삶이 되기를 간절히 바랍니다. 그럴 때 다윗에게 베푸신 한없는 은혜와 축복이 우리에게도 충만하게 넘칠 것을 믿습니다. 아멘!

17

영원히 복을 받게 하옵소서

"주 여호와께서 말씀하셨사오니
주의 은혜로 종의 집이 영원히
복을 받게 하옵소서 하니라
〈사무엘하 7:18~29 중〉."

17.영원히 복을 받게 하옵소서

에머슨은 "사람이란 종일 자기가 생각하는 그 자체다."라고 말했습니다. 곧 어떤 생각을 하느냐가 그 사람의 삶이 된다는 뜻입니다. 좋은 생각을 하면 좋은 사람이 되고 나쁜 생각을 하면 나쁜 사람이 되는 것입니다. 축복의 생각을 하면 축복된 사람이 되고 감사의 생각을 하면 감사의 사람이 됩니다. 그러나 불평이나 원망, 비판이나 남을 해롭게 하는 생각을 하면 자신이 그런 사람이 됩니다.

그렇게 힘든 것이 아니니 입술을 열어 한 번 따라 하십시오!

"나는 하나님의 사랑을 받고 있는 복 받은 사람이다!"

"지금 조금 어렵지만 이 어려움은 곧 해소되고 모든 것이 잘 될 것이다!"

아멘입니까? 예, 아멘입니다. 그렇게 생각하면 그렇게 됩니다.

만사를 자기 생각대로만 되어지기를 바라는 것은 참으로 위험한 생각입니다. 세상은 내 생각대로 되는 것이 아닙니다. 특히 성도는 하나님의 뜻대로 된다는 생각을 가지고 살아야 합니다. 그래서 예레미야 29:11의 말씀은 우리를 깨우치는 귀한 말씀입니다.

"여호와의 말씀이니라
너희를 향한 나의 생각을 내가 아나니
평안이요 재앙이 아니니라
너희에게 미래와 희망을 주는 것이니라."

아멘!
로마서 8:32의 말씀도 귀한 축복의 말씀입니다.

"자기 아들을 아끼지 아니하시고
우리 모든 사람을 위하여 내어주신 이가
어찌 그 아들과 함께 모든 것을
우리에게 주시지 아니하겠느냐."

아멘! 그렇습니다. 이런 말씀을 기대하고 묵상해야 합니다. 아멘! 해야 합니다. 그러면 그대로 되는 것입니다.
살아가는 것이 힘드십니까? 시편 37:5~6입니다.

"네 길을 여호와께 맡기라
그를 의지하면 그가 이루시고,
네 의를 빛 같이 나타내시며

네 공의를 정오의 빛 같이 하시리로다."

아멘!

사업이 힘드십니까? 잠언 16:3을 아멘으로 받아들이십시오.

"너의 행사를 여호와께 맡기라
그리하면 네가 경영하는 것이 이루어지리라."

아멘!

육신의 질병으로 몸이 아파 지쳐 힘드십니까? 베드로전서 2:24을 아멘으로 받아들이십시오.

"그가 채찍에 맞음으로 너희는 나음을 얻었나니."

아멘!

가난 때문에 정말 힘드십니까? 고린도후서 8:9을 아멘으로 받아들이십시오.

"우리 주 예수 그리스도의 은혜를 너희가 알거니와
부요하신 이로서 너희를 위하여 가난하게 되심은
그의 가난함으로 말미암아
너희를 부요하게 하려 하심이라."

아멘!

사람이 미워서 정말 견디기 어렵습니까? 레위기 19:18을 읽으십시오.

"원수를 갚지 말며 동포를 원망하지 말며
네 이웃 사랑하기를 네 자신과 같이 사랑하라
나는 여호와이니라."

아멘!

저주 가운데 얽매여 있다고 느끼십니까? 갈라디아서 3:13을 읽으십시오.

"그리스도께서 우리를 위하여 저주를 받은바 되사
율법의 저주에서 우리를 속량하셨으니"

아멘!

누군가의 도움이 절실하십니까? 시편 46:5을 읽고 아멘 하십시오.

"하나님이 그 성 중에 계시매 성이 흔들리지 아니할 것이라
새벽에 하나님이 도우시리로다."

아멘!

어디 이 뿐입니까? 우리가 일생을 살아가는 동안 우리에게 필요한 모든 것이 성경에 기록되어 있습니다. 그것은 사람의 소리가 아닙니다. 일점일획도 변혁할 수 없는 하나님의 말씀입니다.

나쁜 생각을 하면 나쁜 삶이 다가옵니다. 좋은 생각을 하면 좋은 삶이 다가옵니다.

우리교회 CJ그룹 총괄구매팀장 K집사님은 매주일 서울에서 포항까지 주일예배를 드리러 내려옵니다. 인간적으로는 참 힘들고 어려운 일입니다. 힘들지 않느냐고 물어보았습니다. 그랬더니 황급히 고개 짓과 손사래를 치며 이렇게 말합니다.

"목사님의 설교를 듣고 있노라면 제 앞길이 시온의 대로처럼 열려지는 것을 느낍니다. 아니 실제로 그렇게 되어지는 것을 경험합니다. 사람의 속성이 손해가 나는데도 하는 것이 어디 있겠습니까. 주일마다 내려와서 예배를 드리고 가면 그 한 주간동안 일어나는 일은 놀라운 기적 같은 일들이 계속되는 것을 경험합니다."

김집사님은 부사장급입니다. 그 분과 이야기를 나누다 보면 저도 그 집사님도 미래가 열리는 것을 눈으로 목도하는 듯함을 경험합니다.

그런데 어떤 사람과 이야기를 나누다 보면 1분도 안되어 답답해지고 짜증이 납니다. 더하여 속이 좋지 않은 것을 경험할 때가 있습니다. 구사되는 언어가 남을 비판합니다. 원망하고 불평하며 도대체 열 마디 가운데 긍정적인 말이 두 마디도 나오지 않습니다. 그러니 어떻게 머리가 혼란스럽지 않겠습니까.

언제나 좋은 생각을 하시기를 예수님의 이름으로 축복합니다.

이번 본문은 좋은 생각을 할 때 영원한 복을 받는 축복 메시지가 있는 장입니다. 성경에서 하나님의 복을 받은 사람 이야기를 하자면 당연히 다윗도 그 중의 한 사람입니다.

다윗의 일생을 살펴보면 그렇게 복을 받을 만한 삶만 살았는가 싶습니다. 그의 일생에서도 크고 작은 실수와 범죄 사건이 발견됩니다. 그것이 대략 20여회가 됩니다. 그 중에 대별하여 두 가지는 큰 범죄의 기록입니다.

하나는 사무엘상 21장에 나타나는 것으로써 사울을 피해 '놉'으로 피하여 가 제사장 아히멜렉을 만나게 된 때의 일입니다. 그 때 다윗은 자기가 살려고 거짓말을 합니다. 이 일로 제사장 85명이 처참하게 죽임을 당합니다. 게다가 성읍 사람들과 가축들까지 도륙을 당하는 사건이 일어납니다.

또 하나는 사무엘하 11장의 밧세바 사건입니다. 이 사건은 정말 성경의 어느 인물에서도 찾아볼 수 없는, 어느 누구보다 악랄한 범죄 사건입니다.

그런데 사도행전 13:22~23을 보면 놀라운 말씀이 기록되어 있는 것을 발견하게 됩니다.

"내가 이새의 아들 다윗을 만나니 내 마음에 맞는 사람이라
내 뜻을 다 이루리라 하시더니,
하나님이 약속하신 대로 이 사람의 후손에서
이스라엘을 위하여 구주를 세우셨으니
곧 예수라."

어떻게 이럴 수가 있을까요? 그 이유가 이번 본문에 나타나 있습니다. 그렇습니다. 원인 없는 결과는 없습니다. 그렇게 실수를 하고 그렇게 범죄 한 다윗을 하나님께서 지극한 복을 내려 주신 이유가 있었습니다. 그 이유가 무엇인지 하나하나 살펴보겠습니다.

1. 항상 하나님 앞에서의 삶이었습니다.

17절 말씀입니다.

"다윗 왕이 여호와 앞에 들어가 앉아서 이르되
주 여호와여 나는 누구이오며
내 집은 무엇이기에
나를 여기까지 이르게 하셨나이까"

다윗의 삶의 중심은 항상 하나님 앞에서의 삶이었습니다. 6장에서 이미 공부를 했지만 하나님의 법궤가 다윗 성으로 옮겨지는 과정에서 다윗이 얼마나 좋았든지 베 에봇을 입고 있는 힘을 다해 '여호와 앞에서 춤'을 추었습니다.

다윗은 언제 어디서 무엇을 하든지 항상 하나님 중심이었습니다. 그 이상도 이하도 아니었습니다. 오직 하나님입니다. 하나님을 기쁘시게 하는 일이라면 자기 자신이 우습게 되는 것은 아무 상관도 없다는 신앙 자세입니다. 체면도 위신도 아무 것도 아니라는 마음입니다.

엘림 동산 영성훈련에 올라오시는 분들의 한결 같은 고백이 있습니다. '교회 지도자 되는 분들이 주바라기들을 위하여 체면도 위신도 다 버리고 완전히 무너지는 모습을 보면서 마음이 열린다'는 것입니다.

하나님의 복을 받는 길은 언제나, 어디서 무엇을 하든지, 하나님 앞에서의 삶이어야 합니다.

2. 항상 하나님께 묻는 기도하는 삶이었습니다.

이번 본문의 다윗의 기도내용을 요약하면 이렇습니다.

어찌 나를 이렇게도 복을 주셨습니까? 어떻게 우리 집안의 장래일까지 말씀하셨습니까? 나는 할 말이 없습니다. 모든 것은 하나님이 말씀으로 행하심을 잘 압니다. 하나님 같으신 분이 없으심을 고백합니다. 우리 집안에 대해 말씀 하신 대로 되기를 원합니다. 우리 가문을 하나님 앞에서 견고하게 하여 주옵소서. 하나님은 항상 나에게 좋은 말씀을 하셨습니다. 이제 구하오니 우리 집안에 복을 주시되 그 복이 하나님 앞에 있게 하시고 우리 집안이 영원히 복을 받게 하옵소서.

이것이 다윗의 마음입니다. 다윗의 마음이 항상 하나님을 향하여 열려 있었습니다. 그것이 기도입니다. 다윗의 생애를 살펴보면 사울과는 완전히 반대였습니다. 사울은 사사건건 자기만 생각하며 행했지만 다윗은 모든 것을 하나님께 묻는 자세였습니다. 그것이 사울과 다윗의 차이였습니다.

기도하는 사람이 하나님의 복을 받습니다.

사무엘하 2:1의 "다윗이 여호와께 물어 가로되 내가 유다 한 성으로 올라가리이까?"

사무엘하 5:19의 "다윗이 여호와께 물어 가로되 내가 블레셋 사람에게로 올라가리이까?"는 다윗이 하나님 앞에서 묻는 기도의 기본 자세를 나타냅니다.

이와 같은 다윗의 하나님께 묻는 기도의 자세는 항상 하나님의 도우심의 손길을 입었습니다.

골리앗을 이길 수 있는 능력이 어디서 왔습니까? 블레셋을 이기고 주변 강대국을 이길 수 있는 힘이 어디서 왔습니까? 사울의 칼을 피하여 도망 다닌 10여 년의 세월 동안 누가 다윗을 보호하셨습니까? 예. 맞습니다. 하나님이십니다. 하나님은 다윗의 이 같은 범사를 보시고 복을 주신 것입니다.

저는 기회 있을 때마다 대한민국 대통령이 일하시는 청와대에 에이브러햄 링컨처럼 기도했던 자리가 남게 해달라고 기도하고 있습니다. 그 영적 역사를 누가 행하든지 하나님께서는 그 기도하는 마음을 보시고 다윗처럼 위대한 역사를 이루어 내는 대통령이 되게 하실 줄 믿습니다.

3. 항상 하나님의 마음을 생각하는 삶이었습니다.

오늘 본문도 그렇지만 다윗의 일생을 연구해 보면 다윗은 항상 하나님의 마음을 생각했습니다. 그것이 다윗이 복을 받는 근원이었습니다.

다윗이 누구입니까? 이스라엘의 왕입니다.

일반적으로 높은 자리에 오르면 대부분의 사람들은 자기를 앞세우게 됩니다. 그러나 다윗은 언제나 하나님이었습니다. 무엇을 하든지 하나님의 마음을 먼저 생각했습니다. 그러니 하나님 앞에서 교만할 수 없었습니다. 언제나 겸손한 마음자세였습니다.

그 마음이 사무엘하 23:1에 너무도 잘 표현되었습니다. 자기 자신을 소개할 때 이스라엘의 위대한 왕으로 일생을 마무리하는 시점에서 자기는 시골 촌부(村夫) 이새의 아들이라고 합니다. 자기가 이렇게 왕으로 높여진 것은 전적으로 하나님의 은혜라고 합니다. 아무것도 아닌 목동을 하나님께서 기름 부어 거룩하게 구별하셨다고 고백합니다. 그런 자신에 대하여 다만 하나 내세울 것이 있다면, 그것은 하나님을 찬송하는 일에는 열심이었다고 소개합니다.

항상 "내가 무엇이관대" "내 집이 무엇이관대"가 다윗의 평상시의 마음이었습니다. 그것은 하나님 앞에서의 아름다운 겸손입니다. 그것이 하나님의 마음에 합한 자로 인정받게 된 핵심 키입니다. 그래서 하나님께서 그를 위대한 이스라엘의 왕으로 높이셨습니다. 베드로전서 5:6 말씀이 이를 증명합니다.

"그러므로
하나님의 능하신 손아래에서 겸손 하라
때가 되면 너희를 높이시리라."

그렇습니다. 하나님의 마음을 가지고 살면 하나님께서 모든 것을 복되게 해 주십니다. 약속의 말씀이 잠언 16:7입니다.

"사람의 행위가 여호와를 기쁘시게 하면
그 사람의 원수라도 그와 더불어 화목하게 하시느니라."

그렇습니다. 인간관계의 성공적인 비결이 여기 있습니다. 하나님의 마음을 가지고 살아가면 모든 것이 형통하게 되는 것입니다. 그것이 하나님의 복입니다.

다윗이 하나님의 마음을 가지고 살아가는 구체적인 내용을 두 가지만 소개하려고 합니다.

자기를 죽이려고 추격하는 사울을 죽일 기회가 왔을 때 대부분의 신하들이 죽이자고 했습니다. 그렇지만 다윗은 잠자고 있던 사울의 겉옷자락만을 가만히 베었습니다. 그리고 그는 이렇게 고백했습니다. 사무엘상 24:6입니다.

"내가 손을 들어 여호와의 기름 부음을 받은
내 주를 치는 것은 여호와께서 금하시는 것이니
그는 여호와의 기름 부음을 받은 자가 됨이니라."

다윗도 사람인지라 사울이 미웠습니다. 그러나 하나님의 마음을 생각함으로 사울을 죽일 수 없었던 것입니다. 하나님이 기름 부으신 자를 치는 것은 하나님의 마음이 아님을 알았기 때문입니다.

밧세바 사건으로 나단의 책망을 받았을 때도 그랬습니다. 나단을 통해 전해 진 하나님의 마음을 읽고 다윗은 침상이 썩도록 통곡하며 울고 또 울었습니다. 그것이 사무엘하 12:10입니다.

"이제 네가 나를 업신여기고
헷 사람 우리아의 아내를 빼앗아 네 아내로 삼았은즉
칼이 네 집에서 영원토록 떠나지 아니하리라."

여기 "업신여겼다"는 말씀은 하나님의 마음이 짓밟혔다는 뜻입니다. 이 대목에서 다윗은 견딜 수 없었습니다. 네가 하나님의 마음을 짓밟았다는 주의 종의 책망 앞에 다윗은 꼬꾸라진 것입니다. 그리고 울고 또 울면서 회개했습니다. 침상이 썩도록 울었습니다. 그 절절한 아픔과 감동이 시편 6:6절에 선명하게 배어있습니다.

"내가 탄식함으로 피곤하여
밤마다 눈물로 내 침상을 띄우며 내 요를 적시나이다."

하나님의 마음을 아프게 해 드리고 하나님의 마음을 짓밟았다는 생각에 다윗은 견딜 수가 없었습니다.

이 마음이 우리의 마음이 되기를 바랍니다. 그 마음을 보시는 하나님께서 우리에게도 영원히 복을 주실 것입니다.

언제나 변함없이 오늘 우리의 심령을 채우는 간곡한 기도가 있습니다. "영원히 하나님의 복을 받게 하옵소서." 아멘!

18

은혜와 감사

"다윗 왕이
그것도 여호와께 드리되
그가 정복한 모든 나라에서 얻은
은금…중략…
하닷에셀에게서 노략한 것과
같이 드리니라
〈사무엘하 8:1~18 중〉."

18. 은혜와 감사

하나님의 은혜는 각 사람마다 그 느낌과 감동이 다릅니다. 그러나 은혜 그 자체는 누구에게나 동일한 하나님의 사랑입니다. 하나님의 사랑은 동일한데 그것을 보고, 깨닫고, 느끼고, 감동하는 것은 모두가 각기 다를 수밖에 없습니다. 왜냐하면 똑같은 상황도 보는 사람들의 시각과 상황에 따라 다르게 느껴지기 때문입니다.

하나님의 은혜를 입은 사울왕은 그 은혜를 느끼지도, 보지도 못하고 일평생을 살다가 몰락한 대표적인 사람이 되었습니다. 그러나 다윗은 그 은혜를 느끼고 보면서 일평생 감동하며 살았습니다. 그래서 다윗은 하나님의 축복을 받은 대표적인 사람으로 역사에 남았습니다.

다윗은 항상 하나님을 생각했고 무슨 일이 있을 때마다 하나님께 구했습니다. 그리고 은혜를 입으면 바로 바로 감사를 표현했습니다. 이것이 다윗의 삶이 위대한 까닭입니다.

이번 본문을 보면 그 다윗의 생애를 한 폭의 그림처럼 그려 놓았습니다. 다윗이 항상 하나님을 생각하니 하나님 또한 이 다윗이 어디를 가든지 무엇을 하든지 그와 함께 하셨습니다. 그리고 그 이름을 천하에 높여주시며 항상 이기게 하셨습니다.

하나님께서 이기게 하시는데 더 이상 무엇이 필요하겠습니까. 그것이 바로 축복입니다. 그 동행을 살펴봄에 먼저 6절 하반 절 말씀을 보겠습니다.

"다윗이 어디로 가든지
여호와께서 이기게 하시니라."

그리고 14절입니다.

"다윗이 에돔에 수비대를 두되
온 에돔에 수비대를 두니
에돔 사람이 다 다윗의 종이 되니라.
다윗이 어디로 가든지 여호와께서 이기게 하셨더라."

이 구절 앞뒤로 울타리처럼 둘러 처진 배경이 있습니다. 그것은 주변 강대국들과 전쟁을 하게 되는 상황입니다. 그 모든 나라들, 그 강대국들을 하나님께서 다윗으로 하여금 다 이기게 하셨습니다. 뿐만 아니라 그들로 하여금 다윗에게 조공을 바치게 하고 종이 되게 하셨습니다. 또한 그들 모두를 통치하게 하심으로 약소국 이스라엘이 강대국이 되게 하셨습니다. 동시에 다윗은 주변 국가로부터 많은 무기와 가축과 보물을 얻게 되었습니다.

여기서부터 우리가 주목할 중요한 내용이 하나 있습니다. 그 하나는 절대 놓치면 안 되는 것입니다. 11~12절의 내용을 함께 보겠습니다.

"다윗 왕이 그것도 여호와께 드리되
그가 정복한 모든 나라에서 얻은 은금,
곧 아람과 모압과 암몬 자손과
블레셋 사람과 아말렉에게서 얻은 것들과
소바 왕 르홉의 아들 하닷에셀에게서
노략한 것과 같이 드리니라."

이 부분에서 또 한 번 다윗과 사울의 다른 점이 확연히 드러납니다. 그것이 무엇인고 하니, 사울은 전쟁을 해서 승전을 하면 항상 자기가 잘해서 이긴 줄 착각을 했습니다. 그런데 다윗은 항상 자신을 이기게 하시는 분이 하나님이신 것을 알았습니다.

예, 그렇습니다. 다윗을 전쟁에서 이기게 하신 분이 바로 하나님 그 분이십니다. 다윗은 그것을 너무 잘 알았습니다. 그래서, 그래서 11~12절의 내용을 보면 '모든 국가로부터 얻은' '모든 것을' '항상 하나님께 드렸다'는 것입니다. 그러니 하나님은 또한 다윗의 이 아름다운 믿음을 보시고 날마다 은혜를 더하셨습니다.

하나님은 다윗을 축복하셨습니다. 그리고 다윗은 그 은혜를 항상 감사하였습니다. 그러자 하나님은 또 다윗을 축복하셨습니다. 주시고, 드리고, 또 주시고, 또 드리고, 또 주시고.......이 얼마나 아름다운 모습입니까.

이 축복이, 이 감사가, 이 기쁨이, 이 생동감이, 이 기꺼운 사랑과 경외의 진실이 느껴지십니까? 예, 느껴져야 합니다. 느끼셔야 합니다.

이것이 우리의 것이, 예수님을 믿노라, 사랑하노라 고백하는 성도 여러분의 것이 되어야 합니다.

여기서 우리가 생각할 수 있는 것이 '축복의 부메랑' 입니다.

부메랑의 기원은 오스트레일리아 원주민으로부터 시작됩니다. 그들은 사냥이나 전쟁을 할 때 쓰는 굽은 막대 모양의 무기를 사용했습니다. 그것이 바로 이 부메랑입니다. 이것은 어느 방향으로 던지든지 그 방향을 향해 날아갔다가 던져지던 출발지점으로 돌아옵니다. 이것이 부메랑의 특성입니다.

사울은 이것을 알지 못했습니다. 아니 알았지만 실천하지 못했습니다. 그러나 다윗은 이것을 알았습니다. 그리고 실천했습니다. 그래서 전쟁에서 승리할 때마다 얻은 모든 것들을 항상 먼저 하나님께 바쳤습니다. 그러니 하나님은 다윗의 이 믿음을 보시고 이 감사의 마음을 받으셨습니다. 그리고 그가 어디서 누구와 전쟁을 하든지 항상 이기게 하셨습니다. 이것이 바로 은혜와 감사의 상관관계입니다.

얼마 전에 사무처에서 K집사님과 짧은 조우(遭遇)가 있었습니다. 집사님은 언제나 어렵고 힘든 곳을 찾아 봉사하며 헌신하는 분이십니다. 그 아름다운 집사님이 나지막하게 들려주는 말씀이 제 가슴을 적셨습니다.

지금 교회는 향유 옥합 비전헌금 운동이 진행되고 있습니다. 그런데 집사님은 자신의 현재 처한 현실이 따라주지 않아 늘 마음뿐이었습니다. 그래서 더욱 기도하면서 지내는 어느 날이었습니다. 차를 운전하던 중에 신호를 받으며 잠깐 멈추어 서 있는데 갑자기 "그 돈 있잖느냐?"하는 생각이 들더랍니다.

그 돈이란 아이들 결혼 자금으로 들고 있었던 적금을 이르는 것이었습니다.

그 순간 집사님이 지금까지 살아온 날들을 잠깐 돌아보니 모든 것이 하나님의 은혜였습니다. '아이들 결혼도 중요하다. 그러나 지금까지 그 모든 걸음을 하나님께서 인도하시고 은총 주셔서 여기까지 온 것이 아닌가? 그러니 아이들의 결혼도 하나님께 맡기자. 그리고 하나님의 교회가 하는 이 거룩한 행진에 함께 하자.' 그러면서 그 적금을 찾아서 사무처에 오셨던 것입니다.

이야기가 끝나기도 전에 제 가슴이 뭉클하며 어느 새 눈물이 핑 돌면서 마음으로 "하나님 K집사님의 지금 이 마음을 받으시고 아이들이 결혼을 잘 할 수 있도록 복을 주십시오."라는 기도가 되었습니다. 그리고 집사님의 어깨를 감싸 안는 순간 더욱 가슴이 저려오며 눈시울이 더 뜨거워졌습니다.

그리고 밖으로 나오다가 권 장로님을 만났습니다. 우리 권 장로님은 매 주 금요일마다 구역지도자들을 위해 차량을 운전해 주시는 봉사를 하시고 계십니다. 저는 그 어른의 두 손을 잡았습니다. 우리는 서로 아무 말 없이 그냥 바라보기만 했습니다. 그리고 누가 먼저랄 것도 없이 둘 다 눈시울이 붉어졌습니다.

장로님은 연세도 높으시고 가정생활도 그리 넉넉지 못하십니다. 그래서 항상 장로로서 주님 앞에 할 일을 마음처럼 제대로 하시지 못하는 것이 송구한 마음입니다. 그런 까닭에 당신이 하실 수 있는 육체적인 일이라도 하시려고 금요일만 되면 구역지도자를 위해 운전으로 봉사를 하시는 어른입니다. 말씀은 없어도 그 어르신은 제 마음을 아시고 저는 그 어르신의 마음을 압니다.

오후에는 L장로님이 제 방을 찾아 오셨습니다. 들어서시는 어르신의 눈은 이미 젖어 있었습니다. 저는 아무 말 없이 장로님의 손을 잡았습니다.

"목사님, 아시다시피 저는 이래저래 너무 힘든 시간을 보내고 있어서 늘 목사님께 짐이 되는 장로입니다. 목사님의 목회정책에 장로가 되어서 앞서 행하지 못함이 늘 죄스러울 뿐입니다."

저는 무엇이라 위로할 말이 없었습니다. 이미 장로님은 목사의 목회를 누구보다 최선을 다해 동역하고 동행하시는 분이라는 것만 재삼 강조를 했습니다. 비록 가정은 가난하지만 마음은 무엇이든지 할 수 있는 넉넉함이 있고, 몸으로 할 수 있는 교회의 궂은일은 도맡아 하시는 분이 L장로님이십니다.

주중에 일어나는 장례관계의 차량봉사, 주일의 장애인 차량운전, 청소년 공부방 관리 및 운전, 화장실 청소 등 우리교회 유급직원보다 더 많은 일을 하시듯 하면서 늘 봉사로 헌신하는 것을 기뻐하시는 장로님이십니다.

좋은 곳에 취업안내를 해 드리면 "그러면 교회 이런 저런 일은 누가 합니까? 하루 세 끼 먹는 것으로 족하니 남은 생애 이렇게 주님 성전에서 이름 없이 빛도 없이 일하고 싶은 이 장로의 소망을 멈추게 하지 않으시면 좋겠습니다."라며 거절하시고 일하시는 장로님이십니다.

그런가하면 목사의 목회 정책에 소리 없이 동행하시는 H집사님이 "다음세대를 위한 비전헌금에 그래도 2억은 해야 하는데 이래저래 아무리 재어 보아도 벅찬 현실이라 1억 밖에 봉헌을 못했습니다."라며 미안해 했습니다. 이 집사님의 중심은 목사인 제 마음만 감동되는 것이 아니라 하나님께서 기뻐하시는 마음입니다.

어찌 이 분들 뿐이겠습니까. 모두가 다윗의 마음입니다. 우리 포항중앙교회 성도님들의 이 아름다운 마음들을 하나님은 다 아십니다. 아시기에 하나님은 우리도 다윗처럼 모든 면면에 이기게 하실 줄 믿습니다.

그렇습니다. 우리는 다윗의 믿음, 다윗의 감사, 다윗의 마음을 본받아야 합니다.

부(富)는 하나님이 주신 복입니다. 아멘입니다. 이런 하나님이 주신 복인 부를 사용함에도 윤리가 있습니다.

그 중에 카네기의 부(富)의 윤리는 우리에게 많은 메시지를 주고 있습니다. 그는 이렇게 말합니다.

"부(富)를 행복으로 바꿀 줄 모르는 사람은 그 부(富)를 통해 불행해지는 법을 모르기 때문이다.", "부(富)를 통해 불행해지는 사람은 그 부(富)가 자기만을 위한 것인 줄 착각하기 때문이다."

맞습니다. 옳은 말입니다. 모든 것은 하나님이 주셨습니다. 하나님이 주신 모든 것은 나만을 위해 사용하라고 하신 것이 아닙니다.

주신 것을 하나님을 위하여, 모든 사람을 위하여 사용하라고 청지기에게 맡기시는 것입니다.

저는 목회 현장에서 기쁨의 감동과 아픔의 고통을 많이 보았습니다. 그 중심축이 무엇인지 아십니까? 한쪽의 축은 고통으로 기우는 축입니다. 하나님이 주신 은혜를 잊어버리고 교만하여 감사를 상실한 삶이 바로 그것입니다. 그 결과가 얼마나 고통스럽고 힘든 것인가를 보았습니다. 참으로 찢어지는 아픔입니다.

또 한축은 축복의 축입니다. 힘들고 어려운 가운데서도 살아계신 하나님을 믿는 믿음으로 감사하며 꿋꿋이 서갑니다. 그들 가운데서도 보다 더 어려운 사람들이 반드시 있게 마련입니다. 그러나 좌절하지 않고 감사하며 믿음으로 시련을 이겨나갑니다. 그런 성도들의 삶의 결과가 얼마나 축복된 것인가를 보았습니다. 참으로 감동 그 자체입니다.

우리는 모두 부모님이 계십니다. 중요한 것은 그 부모님의 끝이 없는 은혜를 알고 감사할 때 그 분들과 우리의 관계는 아름다운 질서의 나의 아버지, 나의 어머니가 됩니다.

교회도 그렇습니다. 우리교회가 좋은 교회, 행복한 교회, 평안한 교회, 축복을 나누는 교회라는 생각이 들 때 교회생활이 즐겁고 감사합니다. 그럴 때 교회는 행복한 나의 교회가 됩니다.

나라도 마찬가지입니다. 대한민국 국민으로서 법을 지키며 무엇인가 자신의 삶이 국가를 위해 기여하고 있어서 내가 국민이라는 자부심이 있어야 합니다. 그러면 행복합니다. 내 나라, 내 국가입니다.

그런데 만약 항상 국가 정책을 비판만하고 반대하며 시위를 한다면 어떻게 그를 국가를 사랑하는 사람이라고 하겠습니까. 그런 사람은 정직하게 대한민국을 내 나라, 나의 조국이라고 말 할 수 없습니다.

회사도 마찬가지입니다. 날마다 출근하면서 짜증을 내고 회사 방침을 반대하며 불평을 한다면, 그는 정직하게 그 회사를 나의 회사라고 말 할 수 없을 것입니다. 요즘은 이런 경우들을 사회적인 현상으로서의 정신질환으로 분류합니다.

동가숙 서가식(東家宿西家食)이라는 말이 있습니다. 옛날 제(齊)나라에 은교라는 매우 영특하고 아름다운 처녀가 있었는데 여러 곳에서 혼담이 쏟아져 들어왔으나 모두 탐탁지 않아 거절했습니다. 그러던 중 마침 적당한 후보자가 그것도 두 곳에서 한꺼번에 나타났습니다. 東家의 아들 '견법'이는 재산이 많았으나 인물과 예절이 형편이 없었고, 西家의 아들 '해우니'는 핸섬한 미남이었으나 가세가 넉넉지 못한 것이 흠이었습니다.

양친과 은교는 머리를 마주대고 의논했으나 선뜻 결정을 짓지 못햇습니다. 그러다가 두 총각이 다 탐이 난 은교는 친구 '나눔이'를 찾아갔습니다. 친구는 둘 다 놓치지 말라고 하면서 묘수를 가르쳐 주었습니다. 그것이 시집을 가서 보름동안은 동가(東家)에서 지내다가 남은 보름은 '친정에 가 있겠다.' 하면서 서가(西家)에서 보내고, 서가(西家)에서는 서가에서 대로 또 그렇게 반대로 해서 생활하면 된다는 것입니다.

그날 이후 '동가숙 서가식(東家宿 西家食)'이라는 말이 전해졌습니다. 문자 그대로는 동쪽에서 잠자고 서쪽에서 밥 먹는 생활인 이

중생활을 꼬집은 이야기입니다. 믿든지 말든지 '전설 따라 삼천리' 같은 이야기지만 오늘을 살아가는 우리에게 좋은 교훈이 되는 이야기입니다.

신앙생활도 동가숙 서가식(東家宿 西家食)으로 하는 사람이 있습니다. 몸은 예배당에 있는데 마음은 다른 곳에 가 있는 사람이 그렇습니다.

이와 관련된 예수님의 말씀이 마태복음 6:24에 있습니다.

"한 사람이 두 주인을 섬기지 못할 것이니
혹 이를 미워하고 저를 사랑하거나
혹 이를 중히 여기고 저를 경히 여김이라
너희가 하나님과 재물을 겸하여 섬기지 못하느니라."

예수님은 동가숙 서가식의 생활을 하나님과 재물로 비교하셨던 것입니다. 땅에서 잘 먹고 잘 살면서 하나님은 잊어버리고 신앙생활은 게으르게 하다가 천국에서도 잘 지내기를 원한다면 그것은 논리에 맞지 않는 것입니다.

누가복음 16장에서는 이에 대해 분명한 그림을 그려주었습니다. 땅에서 부귀영화를 누린 부자는 죽어서 음부에 갔고, 땅에서 가난하고 힘들게 살던 나사로는 죽어서 아브라함의 품에 안겼습니다. 중요한 것은 이 두 사람은 신자와 불신자가 아니라 모두 하나님을 믿는 사람이었다는 사실에 주목해야 합니다.

억울하다고 생각한 부자가 고통의 지옥 불 가운데서도 땅에서의 생활에 익숙한 나머지 '나사로를 시켜' 자기의 혀에 물 한 방울이라도 적시게 해 달라고 아브라함에게 부탁을 했습니다. 그러자 놀라운 답변이 누가복음 16:25절에서 기록되고 있습니다.

"아브라함이 이르되
얘, 너는 살았을 때에 좋은 것을 받았고
나사로는 고난을 받았으니
이것을 기억하라
이제 그는 여기서 위로를 받고
너는 괴로움을 받느니라."

이 구절의 해석은 여러분이 하시기 바랍니다.

여러분은 지금 어떻게 살고 계십니까? 물질의 복을 받았으면 더욱 선한 일에 부해야 합니다. 건강의 복을 받았으면 더욱 봉사하고 헌신해야 합니다. 남달리 다양한 직분과 달란트를 받았으면 그것으로 많은 사람들을 주께로 돌아오게 하는 전도의 거룩한 도구로 사용해야 합니다. 그것이 은혜 받은 성도의 감사하는 생활입니다.

범죄 심리학자인 '소퍼(Soper)' 박사는 교도소에 있는 복역수와 수도원에 있는 수도사의 차이를 이렇게 말합니다.

"교도소에 갇힌 사람들은 하루 종일 불평과 자신의 필요만을 요구한다. 그러나 수도원에 있는 수도사는 하루 종일 감사의 기도를 드린다."

똑같이 울타리에 갇힌 삶이지만 한쪽은 감사의 삶을 살고 있습니다. 그리고 또 한쪽은 불평하는 삶을 삽니다.

감사란 깨달음과 겸손에서 오는 것입니다. 믿음에서 오는 것입니다. 말을 바꾸면 감사가 없는 사람은 깨달음도 겸손도 믿음도 없다는 뜻입니다.

다시 본문으로 돌아가겠습니다.

믿음으로 항상 하나님께 감사한 다윗에게 하나님이 어떻게 응답하셨습니까? 예, 그렇습니다. 다윗이 나가는 전장 곳곳마다에서 승리하게 하셨습니다. 주변 강대국들을 다윗 앞에 무릎 꿇게 하시고 섬기게 하셨습니다. 다윗에게 영토를 확장시켜 주셨습니다. 지경을 넓히는 것은 하나님의 축복의 상징입니다. 다윗의 권력도 견고하게 하셨습니다. 그토록 길있던 내우외환의 세월을 말끔하게 처리해 주셨습니다. 주변 국가들로부터 많은 종을 얻게 하셨습니다. 이로써 국방 노동 인력의 확충을 이루었습니다. 경제적으로도 부강하게 하셨습니다. 주변 국가를 이기게 하심으로 온갖 금은보화를 얻게 하셨습니다. 동시에 다윗은 백성들을 태평성대의 삶을 살도록 해 주었습니다. 다시 말하면 다윗과 관련된 모든 것을 하나님께서 형통하게 하셨다는 말씀입니다.

사랑하는 성도 여러분! 하나님께서 오늘 우리에게도 이렇게 해 주실 줄 믿습니다.

이렇게 축복을 받은 다윗이었지만 그는 교만하지 않았습니다. 모든 것을 얻는 대로 하나님께 바쳤습니다. 그리고 다윗은 정의와 공의로 나라를 다스렸습니다. 함께 동고동락했던 사람들을 잊지 않고 예우했습니다.

요압을 군대 장관으로 세웠습니다. 여호사밧은 사관(Recorder)으로 세우고 아히멜렉을 제사장으로 세웠습니다. 스라야를 서기관으로 세우고 브나야를 행정관으로 세웠습니다. 그리고 그의 아들들을 대신(ruler)으로 세웠습니다.

이것이 다윗의 인격입니다. 신앙입니다. 하나님께서 다윗과 함께 하셨고 어디를 가든지 이기게 하셨습니다. 이것을 깨달은 다윗은 평생 하나님의 은혜를 잊지 않고 감사함으로 일생을 살았습니다. 그리고 그의 일생을 아름다운 감사의 한 편 시로 표현했습니다. 그것이 시 중의 백미인 시편 23편입니다.

"여호와는 나의 목자시니
나는 부족함이 없습니다."

다윗이 고백한 이 고백이 오늘 저와 여러분의 고백이 되기를 예수님의 이름으로 축복합니다. 아멘!

19

네게 은총을 베풀리라

"이 종이 무엇이기에
왕께서 죽은 개 같은 나를
돌아보시나이까
〈사무엘하 9:1~13 중〉."

19. 네게 은총을 베풀리라

누군가가 보고 싶다는 것은 참으로 아름다운 심성입니다. 또한 보고 싶은 사람이 있다는 것은 인생에 있어서 큰 행복입니다. 저는 한 주간 동안 여러분이 정말 보고 싶었습니다. 우리 주님도 언제나 여러분을 무척이나 보고 싶어 하십니다.

여러분도 그렇습니까?

엊그제 미국에 가 있는 손녀 혜원이에게 화상 전화를 걸었습니다. 그랬더니 손자 요한이가 먼저 전화를 받고서는 반가워서 야단법석을 떨었습니다. 그렇게 이야기를 하며 시간이 자꾸 가는데도 정작 보고 싶은 혜원이 얼굴은 도무지 나타나지 않았습니다. 내심 얼른 혜원이가 "할아버지"하고 화면에 나타나기를 기다리면서 요한이와 계속 대화를 끌어가고 있었습니다. 그런 내 마음을 며느리가 얼른 알아차리고는 건넌방에 있는 혜원이를 부르는 소리가 들렸습니다.

그전 같으면 천지가 진동하는 소리로 "할아버지~~" 할 녀석이 별로 그리 달갑잖은 표정으로 화면에 나타났습니다. 그래도 나는 반가워서 "혜원아, 할아버지야" 하고 말을 붙였습니다. 그런데도 녀석은 별 표정도 없이 "예!" 하고 짧게 대답했습니다. 그런 혜원이를 보면서 마음이 싸~한 느낌이었습니다. 그리고 겨우 몇 마디하고는 "굿 나이트!"하고 끊었는데 한참 동안 허전한 마음을 달래기가 힘들었습니다.

그리고 그 때 어느 장로님이 하시던 말씀이 생각났습니다.

"조금 지나면 배신감을 엄청 느낄 것입니다......."

그러면서 디모데후서 4장의 말씀이 묵상되었습니다.

저는 종종 디모데후서 4장을 읽습니다. 구구절절이 제 마음이 표현되어 있는 듯해서 때로는 눈시울을 적시며 읽습니다.

디모데후서 4장에는 로마 감옥에 있는 바울이 디모데를 보고 싶어 하는 것이 씌어 있습니다. 일평생 복음전도를 위해 고난과 역경의 세월을 보내고 로마 감옥에 갇힌 바울이 이제 자신의 일생을 마무리해야 할 때가 온 것을 느낍니다. 그런 노사도가 아들처럼 아끼는 애제자 디모데를 보고 싶어 하며 글을 썼습니다. 그래서 그런 바울의 마음이 참으로 애잔하게 녹아 있는 부분이 바로 디모데후서 4장입니다. 그 내용을 한 마디로 요약하여 제목을 붙인다면 "보고 싶은 디모데!" 입니다.

그 내용을 옮겨보면 대략 이렇습니다.

'디모데야, 네가 참으로 보고 싶다. 너무 보고 싶으니 좀 오너라. 그것도 속히 왔으면 좋겠다. 나와 함께 동역하던 데마는 세상을 사랑하여 나를 버리고 데살로니가로 갔단다. 그레스게는 갈라디아로 갔고, 디도는 달마디아로 갔으며, 누가만 나와 함께 있단다.' 라며 절절한 그리움이 배여 있는 문체로 간곡히 썼습니다.

'누가' 가 누구인지는 아시죠? 예, 바울이 로마로 호송될 때 그의 건강을 걱정하여 스스로 바울의 종이 되어 함께 로마로 간 '의사 누가' 입니다.

바울이 디모데를 보고 싶어 하며 부르는데서 우리가 주목할 세 가지가 있습니다. 첫째는 특별히 무엇인가를 가지고 오라는 것, 둘째는 특별히 조심해야 할 사람들의 이름이 거명되고 있다는 것, 그리고 셋째는 문안해야 할 사람들의 이름이 있다는 것입니다.

첫 번째, 특별히 가져오라고 하는 것이 무엇이었을까요? 예, 마가를 데리고 오면서 겉옷과 가죽종이에 쓴 것(성경)입니다.

두 번째, 특별히 조심해야 할 사람이 누구입니까? 예, 바울을 힘들게 하고 해를 입혔던 구리 세공업자 알렉산더입니다. '그 사람을 디모데 너도 주의하라' 고 당부를 한 것입니다.

알렉산더가 얼마나 바울을 괴롭혔던지 1장에서도 그 이름이 등장을 합니다. 그리고 그와 함께 후메내오와 부겔로의 이름도 기록이 되어 있습니다. 그들은 바울의 목회 사역을 사사건건 반대하고 해롭게 하며 괴롭혔던 사람들입니다.

그리고 세 번째, 특별히 문안해야 할 사람들이 있었습니다. 그들은 브리스가와 아굴라, 오네시보로를 비롯한 많은 사람들입니다. 그들의 이름 또한 기록이 되었습니다.

로마서 16장에도 특별히 문안해야 할 사람들의 이름이 기록되어 있습니다. 그들 중에는 바울의 보호자 역할을 했던 겐그리아교회의

뵈뵈가 있습니다. 또한 바울의 생명을 위해 자기들의 목까지도 내놓았던 최고의 동역자 부부 브리스길라와 아굴라도 있습니다. 뿐만 아니라 자신이 병들어 그 생명이 사위어 가는 중에도 바울을 위해 헌신했던 에바브로디도는 바울에게 결코 잊을 수 없는 동역자였습니다. 그런 사람들이었기에 바울은 그들에게 문안하라고 기록을 남긴 것입니다.

하지만 지금 말씀드리려는 것은 이런 내용이 아닙니다. 나누고자 하는 중요한 것은 바울이 늘 강조한 은혜, 은총입니다. 이 용어가 얼마나 귀한 것인가를 강조하고자 하는 것이 요지입니다.

바울의 일생은 언제 어디서 무엇을 하든지, 그것이 좋든지 나쁘든지 어떠하든지, 그 모든 것을 하나님의 은혜로 고백했습니다.

'은총(恩寵)'이란 사전적 의미로는 '높은 사람으로부터 받는 특별한 은혜와 사랑'입니다. 그러므로 그 어원적인 의미는 곧 '하나님의 인류에 대한 사랑'입니다. 즉 '은혜'라는 말입니다. 그래서 Grace, Favor와 같은 의미로 이해됩니다.

구약성서에는 은혜를 의미하는 세 가지 명사가 있습니다. 첫째는 '헨(חֵן)'인데 하나님이 경건한 자, 의로운 자에게 베푸시는 권고(眷顧)하심, 곧 돌보심이라는 뜻입니다. 둘째는 '라하밈(רַחֲמִים[rach mim])'인데 죄의 사유하심을 말합니다. 셋째는 '헤세드(חֶסֶד[chesed])'로써 하나님의 본성, 곧 의를 수반한 사랑을 뜻합니다.

이것을 신약성경에서는 '카리스(χάρις[charis])'로 함축하여 번역을 했습니다. '카리스'는 한 마디로 설명할 수 없는 인간생활의 모든 좋은 의미를 다 담고 있는 함축된 용어입니다. 이 하나님의 은총이 오늘 예배드리는 저와 성도님들의 심령에, 그리고 범사에 충만하시기를 예수님의 이름으로 축복합니다.

본문에는 다윗의 고상한 인격과 아름다운 신앙이 소개되어 있습니다. 하나님의 은총을 입은 다윗이 자신을 개만도 못하다고 고백하는 므비보셋에게 은총을 베푸는 내용입니다. 동일한 하나님의 은혜를 받은 사울과 다윗이지만 하나님의 은혜를 깨닫지 못하고 실패하는 사울에 비하여 볼 때 하나님의 은혜를 깨닫고 은혜를 베푸는 다윗의 마음은 하나님의 마음을 표현하고 있는 것입니다.

다윗과 요나단의 관계는 이미 우리가 잘 알고 있습니다. 그런 다윗과 요나단이었기에 세월이 지나고 태평성대를 이룬 어느 날 다윗은 문득 요나단이 생각났습니다. 너무도 보고 싶었습니다. 그리움으로 견딜 수 없는 마음이었습니다. 그 마음에 옛날 요나단과 맺었던 언약이 생각났습니다. 그래서 사울의 종으로 살았던 '시바'를 불러 사울가문의 후손 중 생존자가 없는지 찾아보라고 명을 내렸습니다. 놀랍게도 참으로 그리운 친구 요나단의 아들이 아직 살아있다는 보고가 들어왔습니다. 그런데 안타깝게도 친구의 아들은 다리를 저는 지체장애인이라는 것입니다. 그의 이름은 '므비보셋'이었습니다. 다윗은 당장 그를 데려오라는 명령을 내립니다.

므비보셋은 폐위된 왕가의 후손이요 불구까지 된 몸으로 그야말로 소망 없는 삶을 살고 있었습니다. 그런데 다윗 왕으로부터 소환이 왔습니다. 올 것이 왔나보다 하는 두려움이 일었습니다. 그렇게 다윗 왕 앞에 불려온 므비보셋은 그 앞에 꿇어 절을 합니다. 감히 얼굴을 들어 다윗의 모습을 바라볼 엄두도 내지 못했습니다. 얼마나

간이 콩알만 해졌겠습니까. 그런 므비보셋을 다윗이 부릅니다. 그리고 하는 다윗 왕의 첫마디는 그에게 큰 은혜를 끼칩니다.

"너는 무서워 말라."

얼마나 안심이 되고 또 감사한 말이었던지요.

그들의 대화가 이 본문 6절 이하에서 진행됩니다.

"므비보셋이여"

"보소서 당신의 종이니이다."

"무서워하지 말라 내가 반드시 네 아버지 요나단으로 말미암아 네게 은총을 베풀리라 내가 네 할아버지 사울의 모든 밭을 다 네게 도로 주겠고 또 너는 항상 내 상에서 떡을 먹을지니라."

"이 종이 무엇이기에 왕께서 죽은 개 같은 나를 돌아보시나이까?"

다윗은 신하들에게 사울에게 속했던 모든 것을 므비보셋에게 주라고 명령을 내립니다. 게다가 사울의 종이었던 시바의 모든 족속으로 하여금 므비보셋을 섬기게 합니다. 그날부터 므비보셋은 다윗의 왕자와 동일한 생활을 하게 됩니다. 이것이 다윗이 므비보셋에게 베푼 은총입니다.

이 은총은 오늘을 살아가는 우리를 향하신 하나님의 마음입니다. 우리는 본문을 통해 하나님께서 우리에게 베푸시는 은총, 그 자비와 사랑을 다윗을 통해 몇 가지 깨닫게 됩니다.

첫째는, 하나님은 지금도 은총을 베푸실 자를 찾으신다는 것입니다.

다윗은 요나단과의 언약이 생각나서 사울의 후손을 찾고자 했습니다. 그리고 찾아 낸 것이 요나단의 아들이었습니다. 놀랍게도 그 아들은 두 다리를 저는 지체장애인이었습니다.

여기서 발견하는 것은 은총을 베풀 대상을 찾으시는 하나님입니다.

출애굽기 33:19을 보면 "나는 은혜 베풀 자에게 은혜를 베풀고 긍휼히 여길 자에게 긍휼을 베푸느니라." 하셨습니다.

그렇다면 하나님은 어떤 사람에게 은총을 베푸시는가 하는 질문을 할 수 있습니다. 그리고 그에 대한 답은 출애굽기 20:6과 열왕기상 8:23에 있습니다.

"나를 사랑하고 내 계명을 지키는 자에게는
천 대까지 은혜를 베푸느니라."
"주께서는 온 마음으로
주의 앞에서 행하는 종들에게
언약을 지키시고 은혜를 베푸시나이다."

그렇습니다. 주님 앞에서 사역하는 주의 종들은 하나님의 은혜를 입어야 사역을 감당할 수 있습니다.

지난 주일에 제가 고백 했듯이 모든 것이 하나님의 은혜입니다. 목회는 물론이지만 신앙생활에 '내가' 라는 의식이 조금만 나타나도 하나님의 은혜는 없습니다. 하나님이 은혜를 베푸시는 사람은 겸손한 마음으로 주의 일을 하는 자입니다. 하나님께서는 그런 사람에게 은혜를 베푸십니다.

잠 3:34에서 이렇게 말씀하셨습니다.

"진실로 그는 거만한 자를 비웃으시며
겸손한 자에게 은혜를 베푸시나니"

맞습니다. 하나님의 은혜를 입어야 모든 것을 할 수 있습니다. 또한 하나님께서 은혜를 베푸시는 사람은 그 마음에 하나님을 간절히 찾고 기다리는 사람입니다. 그런 간절함으로 찾고 기다리는 자에게 하나님은 은혜를 베푸십니다. 그 증거는 이사야 30:18입니다.

"그러나 여호와께서 기다리시나니
이는 너희에게 은혜를 베풀려 하심이요
일어나시리니
이는 너희를 긍휼히 여기려 하심이라
대저 여호와는 정의의 하나님이심이라
그를 기다리는 자마다 복이 있도다."

다윗이 요나단의 아들 므비보셋을 찾아내어 은총을 베푼 것처럼 하나님도 은혜 베풀자를 찾으십니다. 그리고 그에게 은총을 베푸십니다. 그 은혜를 받아 남은 생애를 감사함으로 하나님을 송축하는 다윗처럼 복 받는 저와 여러분이 되시기를 예수님의 이름으로 축복합니다.

둘째는, 하나님의 은혜를 아는 자가 은총을 베풀 수 있다는 것입니다.

사울도 하나님의 은총을 입은 자였습니다. 그런데 그의 생애를 살펴보면 어느 한 순간도 은총을 베푼 일이 없었습니다. 그것은 은혜를 알지 못하고 깨닫지 못했기 때문입니다. 은혜를 알지 못하면 짐승만도 못합니다.

역대하 24:22의 요아스 왕도 여호야다가 베푼 은혜를 기억하지 아니하고 그의 아들을 죽였습니다. 그러자 여호야다가 죽을 때에 "여호와는 감찰하시고 신원하여 주옵소서"라는 무서운 기도를 했습니다. 우리는 이것에 주목해야 합니다.

역대하 32장에도 은혜를 모르는 자에 대한 결과를 기록하여 우리를 깨우치고 계십니다.

"히스기야가 마음이 교만하여
그 받은 은혜를 보답하지 아니하므로
진노가 그와 유다와 예루살렘에 내리게 되었더라"

그래서 바울은 고린도후서 6:1에서 이렇게 권고했습니다.

"우리가 하나님과 함께 일하는 자로서

너희를 권하노니 하나님의 은혜를 헛되이 받지 말라."

므비보셋은 정말 볼품없이 몰락한 가문의 후손 중 하나입니다. 숨어서 겨우 목숨만 부지하는 상황이었습니다. 그런 그를 다윗이 찾아내어 왕궁으로 불러들입니다. 그리고 말로 다 할 수 없는 은총을 베풀었습니다.

어떻게 이런 일이 가능하겠습니까?

예, 그것은 자신이 받은 하나님의 은혜를 알고 또 잊지 않고 기억하고 있었기 때문입니다. 그 다윗의 마음이 잘 표현된 곳이 앞서 강해 한 사무엘하 7:18입니다.

"주 여호와여 나는 누구이오며 내 집은 무엇이기에
나를 여기까지 이르게 하셨나이까?"

아무리 생각을 해 봐도 왕이 될 자격이 없는 자신을 왕으로 세워주시는 하나님의 은총에 대한 다윗의 진솔한 고백입니다. 다윗은 언제나 이 마음을 잃어버리지 않고 살았습니다. 그래서 므비보셋을 만났을 때 그 절친의 아들의 모습이 지난 날 자기 자신의 모습과 다를 바 없다는 것을 깨닫고 하나님께서 자신에게 은총을 베푸신 것처럼 므비보셋에게 은총을 베풀 수 있었던 것입니다. 교만하지 않았습니다. 으스대며 거들먹거리지 않았습니다. 이것이 은혜를 아는 자의 삶입니다. 이것이 하나님 앞에서의 삶입니다.

은혜를 아는 자의 모습이 어떤가는 에베소서 2:8~9에 있습니다.

"너희는 그 은혜에 의하여
믿음으로 말미암아 구원을 받았으니
이것은 너희에게서 난 것이 아니요 하나님의 선물이라.
행위에서 난 것이 아니니
이는 누구든지 자랑하지 못하게 함이라."

맞습니다. 아멘입니다. 놀라운 신앙 고백입니다.

셋째는, 약속을 잊지 않아야 은총을 받고 베풀 수 있다는 것입니다.

다윗이 므비보셋에게 은총을 베푼 것은 요나단과의 약속을 잊지 않았기 때문입니다.

한국 속담에 '화장실 갈 때 마음 다르고 나올 때 마음 다르다'는 말이 있습니다. 이것은 난감한 일을 당했을 때의 다급한 모습과 그 일이 해결 된 뒤의 모습이 너무도 확연히 다른 우리네 일상을 빗댄 말입니다.

사람은 어려운 일을 당하면 모든 것을 생각하지만 평안할 때는 그 것을 깡그리 잊어버리기가 쉽습니다.

그런데 다윗은 아니었습니다. 태평성대를 누리면서 더욱 지난 날 어려웠을 때를 생각했고 그때에 자기를 도와 준 사람들과 약속한 것 들을 상기했습니다. 그리고 그 약속들을 실천했습니다. 므비보셋을 찾은 것도 지난 약속을 지키기 위함이었습니다. 그것이 본문 7절입니다.

"다윗이 그에게 이르되
무서워하지 말라 내가 반드시
네 아버지 요나단으로 말미암아
네게 은총을 베풀리라."

여기서 깨닫는 것은 하나님의 은혜를 잊지 않는 사람은 사람에게서 받은 은혜도 잊지 않는다는 것입니다.

다윗을 자기 생명같이 사랑했던 요나단의 은혜를 잊지 않았던 다윗이기에 그 아들 므비보셋을 찾아 은혜를 베풀 수 있었던 것입니다.

지금 이 시간을 살고 있는 우리 모두는 하나님의 은혜를 입은 자들입니다. 하나님의 은혜로 우리교회도 이렇게 부흥했습니다. 하나님의 은혜로 우리 모두 이런 좋은 교회에서 거룩한 직분을 받고 행복한 신앙생활을 하고 있습니다. 이것을 잊으면 안 됩니다. 이 은혜를 잊어버리면 사울처럼 되어갑니다.

가장 큰 하나님의 은혜는 생각하지 않고 교회에서 작은 일 하나 때문에 불평을 하는 사람을 보았습니다. 그러면서 원망하고 짜증스럽게 신앙생활을 하다가 결국은 스스로 몰락해 가는 경우를 저는 많이 보았습니다.

그러나 때로는 속상하고 억울한 일을 당해서 힘들기도 하지만 하나님께서 베푸신 사랑과 은총을 생각하면서 참고 극복하면서 최선을 다하는 사람들도 보았습니다. 그리고 그의 걸음이 얼마나 아름답고 복된 결론에 도달하는지도 수없이 보았습니다.

다윗으로부터 사울의 모든 남은 것을 받고 왕자 같이 왕궁에서 그와 함께 먹고 마시는 은총을 입은 므비보셋이 고백합니다. 그의 고백 8절을 함께 보겠습니다.

"그가 절하여 이르되
이 종이 무엇이기에 왕께서
죽은 개 같은 나를 돌아보시나이까?"

감사로 목이 멘 이 고백을 보시면서 여러분은 마음에 감동이 없으십니까? 저는 울컥 눈물이 북받쳐 올라왔습니다. 이 므비보셋의 마음이 하나님을 향한 우리의 마음이기를 바랍니다. 이 고백이 하나님을 향한 오늘 우리의 고백이어야 합니다. 그리할 때 하나님은 우리 모두에게 더욱 크신 은총을 베푸실 것입니다.

오늘 말씀은 존스 홉킨스 의과대학의 창설멤버이며 그 유명한 〈우유 한 잔의 치료비〉 이야기의 주인공 '하워드 켈리 박사(Howard Atwood. Kelly, 1858-1943년)'의 이야기로 말씀을 맺겠습니다.

하워드 켈리는 1880년 그 당시 방문판매원을 하던 가난한 고학생이었습니다. 어느 한 집에 이르러 문을 두드렸습니다. 그 때 예쁜 소녀가 문을 열고 나왔습니다. 배가 너무 고팠던 켈리였지만 예쁜 소녀 앞에서 너무 부끄러워 차마 먹을 것을 좀 달라고 하지 못했습니다. 그리고 구한 것이 단지 물 한 잔만 달라는 부탁이었습니다.

소녀는 이 학생이 배가 고프다는 것을 단번에 알아차렸습니다. 소녀는 안으로 들어가 큰 컵을 가득 채운 우유 한 잔을 들고 나왔습니다. 그리고 그에게 내밀어 마시도록 했습니다. 하워드는 받아든 우유를 단 숨에 들이켰습니다.

오랜 세월이 흘렀습니다. 수십 년이 지나 그 소녀도 중년 여성이 되었습니다. 그런데 그때 그만 그녀는 몹쓸 병에 걸리고 말았습니다. 그러나 그 도시에 있는 어떤 의사도 그녀를 고칠 수가 없었습니다. 어려움을 겪다가 큰 도시에 있는 한 전문의를 찾아 갔습니다. 놀랍게도 그가 바로 하워드 켈리 박사였습니다. 하워드 켈리 박사는 그녀를 보자마자 자기 앞에 있는 이 환자가 수십 년 전에 자신에게 친절하게 우유 한 잔을 주었던 바로 그 소녀였다는 것을 단번에 알아보았습니다.

치료가 극히 어려웠음에도 불구하고 하워드 켈리 박사는 모든 의술을 동원해서 마침내 치료에 성공을 했습니다.

하워드 켈리 박사는 치료비 청구서를 부인에게 보냈습니다. 엄청나게 많은 치료비가 나왔을 것으로 생각하며 청구서를 보던 그녀는 너무 놀랐습니다. 청구서에는 이렇게 씌어 있었습니다.

'한 잔의 우유로 모두 지불되었음(Paid in full with one glass of milk)"

예수 그리스도의 보혈로 우리의 죄 값이 모두 지불된 것을 생각하면 눈시울이 뜨거워집니다. 이것을 깨달을 때 하나님은 은총을 베푸십니다. 아멘!

받은 은총을 잊지 않고 감사하며 또 다른 이들이게 은총을 베푸시는 복된 여러분의 삶이되시기를 예수님의 이름으로 축복합니다. 아멘!

20

은혜를 알지 못할 때

"이에 하눈이 다윗의 신하들을 잡아
그들의 수염 절반을 깎고
그들의 의복의 중동볼기까지 자르고
돌려보내매
〈사무엘하 10:1~5 중〉."

20. 은혜를 알지 못할 때

하나님은 시대마다 하나님의 사람을 통해 역사를 세워 가십니다. 역대하 22장부터 24장에 이르는 내용을 읽어보면 하나님의 섭리와 함께 인간의 치졸함이 공존하여 기록된 여호야다 제사장과 관련된 역사를 볼 수 있습니다. 유다 왕국이 암흑기일 때 하나님은 제사장 여호야다를 세워 역사를 바로 잡아 갑니다.

역대하 22장을 보면 이세벨의 딸 '아달랴'가 유일한 여왕이 됩니다. 그녀는 아들 아하시야가 예후에게 살해되자 그 왕위를 자신이 빼앗아 여왕이 되었습니다. 그리고 자신의 왕위를 공고히 하려고 유다 집안의 왕의 씨를 진멸합니다. 그 때 '여호야다' 제사장의 아내 '여호사브앗'이 아하시야의 아들 요아스를 아달랴로부터 숨겨 살려 냅니다.

그 후 아합의 길로 계속 가는 아달랴를 제사장 여호야다는 그대로 둘 수가 없어 혁명을 일으키고 여왕을 축출합니다. 그리고 아하시야의 아들 요아스를 왕위에 즉위 시킵니다.

역대하 23장에서 여호야다 제사장은 나이 어린 요아스를 왕위에 올립니다. 그리고 여호람 이후 아합의 길로 행하며 하나님께 범죄한 모든 행위들을 척결해 나갔습니다. 나라는 평안해졌고 요아스의 왕위는 든든하게 세워졌습니다.

역대하 24장에서는 여호야다가 죽음을 맞이합니다. 그 후 요아스는 안타깝게도 또 하나님을 떠나 우상을 섬기며 아합의 길을 걷게 됩니다. 하나님은 선지자들을 보내셔서 요아스의 행위를 깨우치며 하나님께로 돌아오라고 하십니다. 하지만 요아스는 듣지 않았습니다.

그러자 이 때 하나님은 죽은 여호야다의 아들 스가랴를 감동시켜 다시 요아스에게 가서 권고하게 하셨습니다. 아무리 악한 왕일지라도 자기를 살려주고 보호했으며 왕위에 즉위시켜 암흑기의 나라를 태평성대로 이루게 해 준 여호야다의 아들 스가랴의 말은 거역할 수 없을 것이므로 다시 기회를 주시기 원하셨던 것입니다.

그런데 요아스는 스가랴의 말을 듣기는커녕 오히려 그를 돌로 쳐 죽이고 말았습니다. 참으로 잔인무도하고 패역한 행위가 아닐 수 없습니다.

이와 같은 행위에 관하여 성경 역대하 24:22은 이렇게 기록하고 있습니다.

"요아스 왕이 이와 같이
스가랴의 아버지 여호야다가 베푼 은혜를 기억하지 아니하고

그의 아들을 죽이니 그가 죽을 때에 이르되
여호와는 감찰하시고 신원하여 주옵소서 하니라."

이와 같이 은혜를 알지 못하고 배은망덕했던 요아스의 마지막이 어떻게 되었겠습니까? 당연히 하나님께서 징계하셨습니다. 불과 1년이 지나자 아람군대와 전쟁이 일어납니다. 그 전쟁에서 싸울 때 요아스는 부상을 당해 쓰러집니다. 그러자 그의 신복들이 요아스를 죽여 버리고 말았습니다. 그런 요아스는 조상의 묘실에 장사되지 못하였습니다. 그러나 여호야다는 조상의 묘실에 장사되었습니다.

자기의 스승인 예수님을 은 삼십에 팔아버린 가룟유다도 그 돈 삼십을 써보지도 못하고 그 자신은 곤두박질하여 창자가 터져 죽었습니다(행 1:18).

고린도전서 10:6은 이와 같은 역사적 사건이 거울이 되어 오늘을 살아가는 우리에게 경계로 권고하고 있습니다. 또한 고린도후서 6:1에서는 "하나님의 은혜를 헛되이 받지 말라."고 교훈하고 있습니다.

이 본문은 이와 비슷한 사건입니다. 암몬 왕 나하스가 죽었다는 소식을 다윗이 들었습니다. 그리고 나하스의 아들 하눈이 왕위를 계승하게 되었습니다. 2절 말씀을 보면 우리가 주목할 말씀이 있습니다. 본문을 함께 보겠습니다.

"다윗이 이르되
내가 나하스의 아들 하눈에게 은총을 베풀되
그의 아버지가 내게 은총을 베푼 것 같이 하리라 하고

다윗이 그의 신하들을 보내
그의 아버지를 조상하라 하니라."

나하스가 다윗에게 베푼 은총이 무엇인지는 성경에 분명하게 기록되어 있지 않습니다. 그러나 다윗이 어려웠을 때 암몬 왕이 은총을 베풀었던 일이 있었음을 미루어 짐작할 수 있습니다. 다윗은 그것을 상기하고 조문을 하려는 것입니다.

여기서 우리는 다시 한 번 다윗의 인격과 인간관계, 그리고 의리 있는 정신자세와 은혜를 잊지 않는 아름다운 마음을 볼 수 있습니다.

그런데 이런 다윗의 진정어린 조문은 참으로 어처구니없는 결과를 가져왔습니다. 아하스의 아들 하눈은 다윗의 마음을 전혀 헤아리지 않고 조문객들을 수치스럽게 만들어 돌려보냈습니다. 4절을 보면 정말 기막힌 장면이 나옵니다. 함께 보겠습니다.

"이에 하눈이 다윗의 신하들을 잡아
그들의 수염 절반을 깎고
그들의 의복의 중동볼기까지 자르고 돌려보내매"

당시 남자의 수염은 명예와 권위를 상징하며 수염을 기르는 것은 자유인으로서의 권리를 상징하는 것입니다. 그런데 그 수염을 깎아 버렸다는 것은 노예처럼 취급된 최고의 수치였습니다.

또한 의복을 중동 볼기까지 잘랐다고 했습니다. 당시 히브리인들의 의복은 발목까지 내려오는 긴 통옷이었습니다. 그 옷을 입고 속옷은 입지 않았습니다. 그런데 이 옷을 엉덩이 부분까지 잘라버린 것입니다. 그러니 이것은 그야말로 최고의 모욕이며 수치를 준 것이었습니다.

'예루살렘'에서 '랍바 암몬'까지는 80km로 약 200리 길입니다. 이 길을 왕의 죽음을 조문하기 위해 보낸 다윗의 신하들을 이 지경으로 만든 하눈의 행위는 은혜를 은혜로 알지 못하는 대표적인 악행이었습니다.

아버지와 다윗과의 관계를 알았던지 몰랐던지 여하튼 이들은 이웃나라에서 자기 아버지를 조문하러 온 외교사절들입니다. 그런데 그들에게 이런 행동을 취한 것은 아들 된 도리를 저버린 행위로써 죽은 아버지에게도 불효된 것이었습니다. 더욱이나 외교에 있어서는 치명적인 무례를 행한 것입니다.

여기서 우리가 짚고 넘어갈 내용이 몇 가지 있습니다. 왜 하눈이 이렇게 잔인한 악행을 저질렀을까 하는 것입니다. 그것을 살펴보겠습니다.

첫째, 그 나라에는 참된 지혜자가 없었다는 것을 알 수 있습니다.

어느 나라, 어느 가정, 어느 교회라도 지혜자가 없을 때는 이런 일이 벌어집니다. 왕이 잘못된 생각을 하면 신하라도 충언을 할 수 있어야 합니다. 그런데 '그 나물에 그 밥'이라는 속담처럼 이 나라는 왕도 신하도 똑같이 지혜가 없는 사람들이었습니다.

역사를 살펴보면 지혜가 없고 덕이 없는 지도자 곁에는 아첨하는 자들이 득실거립니다. 그로 인해 지도자의 눈은 감기고 귀는 막힙니다. 그리고 상황을 분석하는 지혜가 닫히면서 서서히 몰락해 갑니다. 그런 역사를 우리는 얼마든지 볼 수 있습니다.

암몬에는 역사를 거울로 보고 오늘의 상황을 바로 분석하는 혜안을 가진 자가 없습니다. 현재 일어나고 있는 상황을 통해 하나님의 뜻을 보는 영안도 모두가 감겨있습니다. 더불어 살아가는 인간관계도 그들에게서는 찾아볼 수 없습니다. 그런 그들은 교만과 독선으로 가득 찬 치졸한 심성을 가지고 행동했습니다. 이 본문은 그런 자들의 결과를 한 눈에 볼 수 있는 그림으로 보여주고 있는 일대 사건입니다.

둘째, 지혜와 감정을 다스릴 줄 아는 덕성이 없고 섣부른 판단을 행동으로 옮긴 것을 볼 수 있습니다.

다윗의 나하스 왕의 죽음을 애도하는 진심어린 조문사절단을 정탐꾼으로 생각하는 그릇된 판단력이나 그로 인한 성급한 행동으로 사절단에게 수치와 수모를 안긴 행위는 실로 부끄러운 일입니다.

사무엘하 16장의 다윗과 시므이 사건을 우리는 기억하고 있습니다. 한낱 멸망한 사울의 신하인 주제에 분수도 모르고 다윗 왕을 저주하고 조롱하면서 따라오는 시므이를 견디지 못한 아비새가 당장 목을 치겠다고 했습니다. 그 때 다윗이 하는 말이 사무엘하 16:11~12입니다.

"내 몸에서 난 아들도 내 생명을 해하려 하거든
하물며 이 베냐민 사람이랴
여호와께서 그에게 명령하신 것이니
그가 저주하게 버려두라.
혹시 여호와께서 나의 원통함을 감찰하시리니
오늘 그 저주 때문에 여호와께서
선으로 내게 갚아 주시리라."

참으로 놀라운 신앙입니다. 깊고 넓은 인격입니다. 더 할 수 없는 인간관계의 귀감입니다. 이렇게 감정을 잘 다스리는 것은 신앙인의 큰 축복입니다.

그런데 나하스의 아들 하눈은 다윗의 선한 동기를 깨닫지 못하고 그가 내민 사랑의 손에 불을 담아 원수를 맺은 꼴이 되었습니다.

셋째, 암몬인의 잔인성이 빚은 결과입니다.

사람은 어릴 때부터 좋은 문화와 환경에서 자라야 합니다. 악을 보고 자라면 악인이 됩니다. 선한 일을 보고 자라면 선한 사람이 됩니다.

저의 장남 서석훈 목사가 여섯 살 때였습니다. 무슨 일인지는 모르나 세 살 난 동생과 장난감을 가지고 놀다가 화가 난 모양입니다. 그래서 동생을 향해 "이 새끼야!" 하고 소리를 쳤습니다. 이 소리를 서재에 있던 제가 들었습니다. 그대로 두어서는 안 되겠다 싶어 일어나서 건너갔습니다. 그리고 장남에게 기둥에 걸려 있는 회초리를 가져오라고 했습니다. 그 순간 아이는 자기가 무엇을 잘못했는지 즉시 깨달았습니다.

"훈아, 동생한테 이 새끼야 한 것은 잘못한 것이지?"

"예, 잘못했어요. 다시는 안 그럴게요."

"그래 잘못한 것을 알면 용서한다. 그러나 다음에 다시는 그런 말을 하지 않게 하기 위해서 아빠가 회초리로 종아리를 다섯 대 치려고 하는데 아빠가 석훈이가 미워서 종아리를 치는 것이 아닌 줄 알지?"

"예"

"이를 악물고 잘 참아야 하지?"

"예"

저는 사정을 봐주지 않고 다섯 대를 쳤습니다. 아이는 그대로 주저앉아서 이를 물고 닭똥 같은 눈물을 흘렸습니다. 저는 머어큐롬을 갖고 와서 부어오른 아이의 종아리에 바르면서 기도해 주는 것으로 상황을 마무리 했습니다.

그 이후 아이는 동생에게 단 한 번도 상스러운 말을 하지 않고 지금도 둘도 없는 형제애를 나누고 있습니다.

잠언 22:6에서 하나님은 이렇게 말씀하십니다.

"마땅히 행할 길을 아이에게 가르치라
그리하면 늙어도
그것을 떠나지 아니하리라."

이런 일도 있었습니다. 작은 아이가 의과대학에 입학을 하게 되었습니다. 한 번도 아이들 학교 입학식과 졸업식에 가 보지 못한 저의 생활이었지만 전교 수석입학을 했다는 기쁨 때문에 입학식에 참석을 하고 돌아오는 길이었습니다. 뒷좌석에 앉아 있던 석훈이와 정석이가 주고받는 말이 귀에 들렸습니다.

"정석아, 우리가 사용하는 모든 돈은 성도님들이 헌금한 것이고, 그것에서 하나님이 주시는 돈이란다. 이제 넌 대학생이 되었는데 돈을 사용할 때는 반드시 그것을 잊지 말고 쓰는 습관을 길러야 한다."

운전을 하던 제 눈이 순식간에 젖어들면서 시야가 흐려졌습니다. 가르친 일도 없고 들려준 일도 없는데 아이는 목사의 일상생활문화에 깊이 젖어 있었습니다.

그렇습니다. 인격형성이란 어릴 때부터 삶으로 체득되어지는 것입니다. 어떤 언어와 어떤 행동, 문화의 환경에서 자라느냐에 따라 그렇게 결정되어 가는 것입니다.

엘가나의 가정 문화는 오직 하나님 신앙이었지만 엘리의 가정 문화는 오직 현실이었습니다. 결과는 엘가나의 가정은 사무엘이라는 시대의 지도자가 세워졌지만 엘리의 가정은 홉니와 비느하스 형제를 통해 가문의 몰락이 왔습니다.

다윗의 조문사절들의 수염을 깎고 겉옷을 엉덩이 윗부분까지 자르는 행위를 서슴지 않는 하눈과 그 신하들의 행위는 잔인한 성격 때문입니다. 이것은 무지(無智)와 성급함, 그리고 잔인함으로 인한 행동의 결과입니다.

말을 해도 독한 말을 해야 직성이 풀리고, 행동을 해도 과격하게 하여 상대방을 아프게 하는 사람이 있습니다. 그러나 그것은 무서운 죄악입니다.

그래서 로마서 13:13~14에서 하나님은 이렇게 교훈하십니다.

"낮에와 같이 단정히 행하고
방탕하거나 술 취하지 말며
음란하거나 호색하지 말며
다투거나 시기하지 말고,
오직 주 예수 그리스도로 옷 입고
정욕을 위하여 육신의 일을 도모하지 말라."

맞습니다. 우리가 이렇게 주일에 예배당에 나와 한 시간 예배를 드리는 시간이 은혜입니다. 행복입니다. 인격을 아름답게 다듬어 가는 더없는 축복의 시간입니다. 부모의 손을 잡고 교회에 나와 어릴 때부터 하나님을 예배하며 산다는 것, 이것은 인생에 더없는 축복입니다. 그래서 신앙교육은 귀한 것입니다. 중요한 것입니다.

우리는 모두가 예수님으로 옷을 입어야 합니다. 교회가 자꾸 세속적이 되면 우리의 자녀들도 그렇게 닮아갑니다. 그러나 힘들고 어렵지만, 조금 벅차지만, 우리가 좀 더 영적이고 신앙적이면 우리의 자녀들은 또 그렇게 성장해 갑니다.

부흥회를 인도하다가 경험한 이야기입니다. 장로님 한 분이 계속 울고 또 울면서 집회에 참석을 하셨습니다. 너무 궁금해서 식사시간에 물었습니다. 대답하시는 장로님의 고백이 아직도 제 마음에 남아 있습니다.

"예배당 건축이 시작되었는데 나는 죽으라고 반대를 했습니다. 지금 생각하면 내가 힘이 없었으면 반대를 하지 않았을텐데 나름대로 교회에서 힘깨나 쓰는 위치니까 반대를 했습니다. 그런데 하나님은 나보다 더 가난한 교인들을 통해 이렇게 좋은 성전을 건축하셨습니다. 내가 아니어도 하나님은 일을 하시는데, 나는 나 아니면 안 될 줄 알았습니다. 참으로 교만했습니다. 물론 그 후에 장로로서 부끄럽지 않은 건축헌금을 했지만 그 때를 생각하면 지금도 눈물만 납니다. 나는 하나님의 은혜를 은혜로 알지 못한 죄인입니다."

저는 말없이 장로님을 안아드렸습니다. 그리고 가만히 한 말씀을 드렸습니다.

"은혜를 은혜로 알지 못할 때도 하나님은 장로님을 사랑하셨지만 은혜를 은혜로 아는 지금의 장로님을 하나님은 더 사랑하십니다."

장로님은 눈물로 어깨를 들먹이면서 남은 때라도 정말 은혜를 은혜로 알고 살겠노라고 고백을 하셨습니다.

그렇습니다. 우리는 하나님의 은혜를 받은 것을 잊으면 안 됩니다. 은혜를 은혜로 알지 못하면 경거망동하게 됩니다. 은혜를 은혜로 알 때 늘 겸손할 수 있으며 감사하면서 주님 앞으로 나아갈 수 있습니다.

성경 곳곳에 우리가 주목할 단어가 있습니다. "내가"와 "너희가"입니다. 하나님은 항상 "내가 너희에게 은혜를 베풀었는데 너희가 나의 은혜를 잊어버리고 배반하도다."라고 하시는 내용입니다.

그것은 오늘 우리에게도 마찬가지입니다. 우리가 하나님의 은혜를 입은 것을 입으로는 다 표현할 수가 없습니다. 그런데도 우리는 그 은혜를 은혜로 알지 못하고 하나님의 마음을 아프게 할 때가 있습니다. 그래서는 안 됩니다.

하나님을 사랑하시는 성도 여러분, 은혜를 은혜로 알고 살아가는 것이 축복입니다. 아멘!

말씀을 맺습니다. 다윗의 선행을 악으로 갚은 하눈의 종국이 어떻게 되었을까요? 다음 편에 구체적으로 말씀을 드리겠지만, 결론을 말씀드리면 양국간에 전쟁을 불러왔습니다. 그리고 다윗에게 대패하고 맙니다. 인과응보(因果應報)입니다. 선을 악으로 대응한 결과입니다.

삶의 모든 시간들을 하나님께서 주시는 은혜 속에 사시는 사랑하는 성도 여러분! 하나님의 은혜를 은혜로 알지 못하는 어리석은 자가 되지 마십시오. 은혜를 은혜로 알고 언제나 감사하는 삶으로 영광 돌리는 복 된 자가 되시기를 예수님의 이름으로 축복합니다. 아멘!

21

직무에 충실한 사람

"너는 담대하라 우리가 우리 백성과
우리 하나님의 성읍들을 위하여
담대히 하자
여호와께서 선히 여기시는 대로
행하시기를 원하노라
〈사무엘하 10:6~19 중〉."

21. 직무에 충실한 사람

어느 날 영국 처칠 수상이 국회에 나가 연설을 하게 되어 있었습니다. 그런데 손님을 맞아 이야기를 하다가 시간이 좀 늦게 되었습니다. 그래서 운전사에게 '신호를 무시해도 좋으니 속력을 내어 시간 안에 국회에 도착하라'고 명령했습니다. 과속으로 달리던 중 교통경찰이 달려와 차를 세웠습니다. 운전사는 전혀 잘못된 것이 없다는 듯이 말했습니다.

"수상 각하의 차요. 지금 국회에 가는 길인데 시간이 좀 늦어서 급하게 가는 중이오."

그러자 교통경찰은 뒷자리에 앉아 있는 처칠을 한번 힐끗 쳐다보더니 이렇게 말했습니다.

"수상 각하를 닮긴 했는데 영국의 수상인 처칠 경의 차가 교통위반을 할 리가 없습니다. 당신은 교통 위반에다 거짓말까지 했습니다. 면허증을 내놓고 내일까지 경찰서로 출두하십시오."

처칠은 교통경찰의 직무를 수행하는 엄격한 태도에 깊은 감명을 받았습니다. 그래서 경시청 총감을 불러 그 교통경찰을 일 계급 특진시켜 주라고 명령하였습니다. 그러자 명령은 받은 경시청 총감은 처칠의 명령을 수행할 수 없다고 합니다. 그 이유는 이러했습니다.

"경찰 조직법에 그런 규정이 없어서 특진을 시킬 수가 없습니다."

처칠은 아주 만족스럽게 웃음을 터트리면서 말했습니다. "내가 오늘은 경찰에게 두 번씩이나 당하는군."

제가 부흥회 나가면 종종 전하는 이야기가 있습니다. 누가 보든 보지 않든 우리교회 성전 구석구석에 배어있는 성도님들의 아름다운 손길 이야기입니다.

주일에 헌신하는 교사와 성가대, 특히 주방에서 봉사하는 여전도회는 말할 것도 없고 주중 매일 12시간을 운영하는 커피숍 엘림홀에서 섬기는 봉사자들, 즐거움으로 헌신하는 생활나눔터 권사님들과 집사님들, 매일 새벽 찬양대석을 가득 메우는 찬양대원들, 비가 오나 바람이 부나 한결같은 주차관리팀, 규모는 적어도 전국에서 모범 도서관으로 이름을 높인 도서관 봉사자들, 화장실 청소, 엘림홀 청소, 수많은 교회 화분 정리 도우미들, 선교센터 각 방을 거울처럼 깨끗하게 하는 손길들… 어디 이런 것뿐이겠습니까. 일 년 내내 교회 어디를 둘러보아도 건물은 어제 준공한 듯 깨끗하고, 환경은 손볼 데 없이 아름답게 정리 정돈이 되어 있으며, 방마다 "여기는 제가 섬기는 곳입니다."라는 패찰을 붙이고 철저하게 관리하는 곳곳을 볼 때마다 감사로 눈시울이 젖습니다.

어떤 직분을 받았느냐에 관점을 두지 않고 교회에서 주님의 일을 할 수 있는 직분을 주셨다는 감사로 하루도 아니요 1년도 아닌 지금도 내내 자기 몫을 감당하는 분들 때문에 우리교회는 오늘도 부흥하며 행복합니다.

말이 많은 사람은 손이 움직이지 않습니다. 또 손과 입이 함께 움직이는 사람도 있습니다. 열심히 일 잘하고 입으로 공치사하는 사람을 뜻합니다. 손도 부지런하고 입의 무거움도 천금 같은 사람도 있습니다.

여러분은 어떤 사람입니까?

어느 교회를 무론하고 베드로전서 4:11의 말씀을 중심으로 교회 생활을 하는 사람들로 인해 교회는 언제나 부흥하고 평안하게 됩니다.

"만일 누가 말하려면
하나님의 말씀을 하는 것 같이 하고
누가 봉사하려면
하나님이 공급하시는 힘으로 하는 것 같이 하라
이는 범사에 예수 그리스도로 말미암아
하나님이 영광을 받으시게 하려 함이니
그에게 영광과 권능이 세세에 무궁하도록 있느니라. 아멘."

그렇습니다. 교회에서 봉사하고 헌신하는 자세는 '내'가 아니라 '하나님'이라는 기본자세를 갖추어야합니다. 그와 같은 사람들을 통해 하나님은 오늘도 역사하십니다.

민수기 16장에는 우리가 일상생활에서 주목하며 살아갈 아주 중요한 내용이 기록되어 있습니다. 직무수행에 관한 내용으로써 고라 일당이 모세와 아론에 대하여 반역하는 사건입니다.

하나님은 제사장의 직무와 레위인의 직무 등 모든 직무에 합당한 백성을 택하셔서 직분을 주셨습니다. 그리고 그 직분에 따라 각각의 직무를 수행하게 하셨습니다.

고라는 레위자손입니다. 그런 그가 생각하기를 '하나님은 모든 백성들을 택하시고 거룩하게 하셨는데 왜 모세와 아론만 모든 총회 위에 서서 높은 보좌에 앉아 다스리냐'는 것이었습니다. 그러자 이 생각에 동조하는 사람들이 하나 둘 모이기 시작했습니다. 그리고 마침내 족장 이백 오십 명과 고라와 다단과 아비람, 그리고 온이 당을 지어 모세와 아론을 대항합니다.

이 때 모세는 민수기 16:7을 통하여 아주 중요한 말을 합니다. 함께 보겠습니다.

"레위 자손들아
너희가 너무 분수에 지나치느니라."

그리고 그 다음의 말이 9~10절에서 이어집니다.

"이스라엘의 하나님이
이스라엘 회중에서 너희를 구별하여
자기에게 가까이 하게 하사
여호와의 성막에서 봉사하게 하시며

회중 앞에 서서 그들을 대신하여 섬기게 하심이
너희에게 작은 일이겠느냐"
"하나님이 너와 네 모든 형제 레위 자손으로
너와 함께 가까이 오게 하셨거늘
너희가 오히려 제사장의 직분을 구하느냐"

고라 일당은 자기에게 주어진 직분이 얼마나 귀한 것인 줄을 모르고 그 직분에 맞는 직무수행을 제대로 하지 않았던 것입니다. 이런 경우를 직무유기, 직권남용이라고 하는 것입니다.

결과가 어떻게 되었을까요? 예, 하나님께서 그들에게 화가 나셨습니다. 그래서 고라와 그를 따르는 자들을 죽이기로 작정하셨습니다.

이것을 안 모세는 한 사람이 범죄 했는데 왜 백성들을 치려하시느냐고 엎드렸습니다. 그러나 하나님은 땅을 가르시고 그 땅속으로 고라의 가족을 삼키게 하셨습니다. 또한 그 땅에서 불이 솟아올라 분향하는 250명의 족장과 그 족속과 모든 물건을 다 불살라 죽이셨습니다.

모세를 통해 말씀하시는 하나님의 "너희가 너무 분수에 지나치도다" 하신 말씀은 오늘을 살아가는 우리에게 너무도 소중한 거울이 되는 말씀입니다.

신약의 로마서 12:3에서 주님은 이렇게 말씀하십니다.

"마땅히 생각할 그 이상의 생각을 품지 말고
오직 하나님께서 각 사람에게 나누어 주신

믿음의 분량대로 지혜롭게 생각하라."

하나님께서 우리에게 주신 직분은 모든 것이 귀한 것입니다. 어느 것이 '더 낫고 더 나쁘고'가 아닙니다. 어느 것이 '높고 낮고'도 아닙니다. 믿음의 분량대로 하나님의 영광을 위하여 섬기라고 주신 직분이기 때문에 모두가 다 귀합니다. 그리고 우리로 하여금 다 그 직분에 맞게 봉사하게 하신 것입니다.

어느 날 코가 단식투쟁을 했습니다. 이유는 있었습니다. 눈은 그렇게 맑고 아름다우며 높은 곳에서 사물을 봅니다. 입은 날마다 좋은 것을 먹고 말을 합니다. 귀는 귀대로 존귀한 생활을 하고 있습니다. 그런데 코는 인체의 온갖 더러운 것들이 분비되어 줄줄 흐르고 질척거리는 것이 불편하기만 합니다. 그래서 화가 난 코가 자기의 맡은 직무수행을 멈추고 단식투쟁을 한 것입니다. 숨을 쉬어야 하는데 숨을 쉬지 않았습니다. 몸은 서서히 죽어갔습니다. 자기만 죽는 것이 아니라 입도 귀도 눈도 다 죽어 갔습니다. 죽어가면서 코는 이래서는 안 된다는 것을 깨달았습니다. 그래서 얼른 정신을 차리고 호흡을 하기 시작했습니다. 그리고 그동안 코 안에 가득 채워져 있던 더러운 이물질을 팽~ 하고 풀어내면서 숨을 쉬었습니다. 그러자 귀도, 입도, 눈도, 손도, 발도 모두가 정상이 되었습니다. 그 때서야 코는 몸에서 자기가 가장 귀한 직무를 수행하고 있다는 것을 크게 깨달았습니다.

이 이야기는 로마서 12장과 고린도전서 12장의 내용을 각색한 것입니다.

오늘날도 교회 안에서 자기 기쁨, 자기 영광을 위해 일하는 사람들이 없잖아 있습니다. 그러나 우리는 아닙니다. 우리는 오직 하나님의 영광을 위하여 분수에 맞게 주신 직분을 따라 오늘도 봉사하고 충성합니다.

본문에는 자신에게 주어진 직무를 너무도 충성스럽게 수행한 모범적인 사람이 있습니다. 그로 인해 이스라엘은 전쟁에서 대승을 거두게 됩니다. 그러자 다윗 왕이 아주 기뻐했으며 그로 인해 하나님의 이름이 높여졌습니다. 참으로 흐뭇한 사건입니다.

암몬왕 나하스가 죽은 후 다윗이 조문사절단을 그 아들 하눈에게 보냈습니다. 그런데 하눈은 지혜롭지 못한 참모들로 인해 조문사절단에게 해서는 안 될 악행을 저질러서 보냅니다. 조문 온 사절단들의 수염을 밀고 옷을 중동볼기까지 잘라 수치와 모욕을 주어 돌려보낸 것입니다.

아무리 어리석은 하눈이지만 막상 그래 놓고는 불안했습니다. 자기가 한 행위가 잘못된 줄을 알았습니다. 그랬으면 얼른 회개를 해야 문제가 해결될 터인데 악인의 속성은 끝까지 자기생각을 관철해야 직성이 풀리는 나쁜 본성이 있는지라 오히려 적반하장이라고 다윗을 치려고 선수(先手)를 칩니다. 즉 이스라엘이 자기들을 그냥 두지 않을 것이라는 생각에 하눈은 아람 사람들을 고용하여 이스라엘을 치려고 전쟁을 시작했습니다.

아람 군대 보병 3만 2천명과 마아가 왕 친위대 1천명을 고용했으니 어마어마한 연합군이 된 것입니다.

악인은 모든 것을 악하게만 생각합니다. 생각이 악하기 때문에 하는 언행이 악할 수밖에 없습니다. 이런 사람들의 특징은 호의를 악으로 판단하고 은혜를 원수로 갚는 특성이 있습니다.

역대기상 19:6에는 용병비로 은 일천 달란트가 들었다고 기록하고 있습니다. 이렇게 돈을 받고 전쟁에 나온 군인들이 과연 사력을 다해 전쟁을 할까요? 천만의 만만의 말씀입니다. 그들이 목숨을 걸고 싸울 리가 없습니다.

하눈의 생각이 어리석고 미련하니 그 하는 짓도 어리석고 미련한 짓만 골라서 합니다. 그의 이런 짓은 결국 멸망으로 가는 길일뿐입니다.

신앙생활도 이렇게 하는 사람들이 있습니다. 교회에서 직분을 받고 헌신하는 사람들 가운데도 종종 이런 사람이 있다는 말입니다. 그에게는 신뢰할 만한 진실이 없습니다. 자기 생각이 늘 거짓이기 때문에 상대방의 모든 것도 거짓으로 생각됩니다. 자기가 늘 속이고 불신하며 불평하기 때문에 인간관계가 언제나 그렇습니다. 그러니 그 결과가 당연히 선하지 못할 수밖에요.

다윗에게는 요압이라는 장군과 동생 아비새라는 장군이 있었습니다. 이 전쟁 소식을 들은 다윗은 곧 바로 요압 장군에게 대비하도록 명령을 내립니다. 명령을 받은 요압은 동생 아비새와 전쟁 전략을 세웁니다. 내용인즉 요압의 군대는 아람군대를 맡고 아비새의 군대는 암몬을 맡자는 것입니다. 그리고 만약 전쟁에서 요압이 밀리면 아비새가 지원을 하고 아비새가 밀리면 요압이 지원을 하자는 전략입니다. 이것은 상호협력의 시너지 효과를 불러오는 아주 멋진 전략입니다.

이 상호협력의 시너지 효과 전략이 에베소서 4:11~16의 교회 부흥의 원리로 잘 나타나 있습니다.

11절의 구조는 하나님께서 교회에 다양한 직분을 주셨다는 것입니다. 그리고 12절은 이 직분은 개별체가 아니라 하나로 연결된 유기체로써 각 부분의 직무를 수행하는데 그 목적이 분명합니다. 즉 성도를 온전하게 하여 봉사의 일을 하게하며 그리스도의 몸을 세우려 하심이라는 것입니다.

13절은 직무수행의 내용이 나타나는데 예수를 바로 알고 믿으며 그의 분량까지 자라야 한다는 것입니다. 14절은 그러기 위해서는 어린아이처럼 해서는 안 된다는 것입니다. 그리고 15절은 그렇게 예수님의 사랑 안에서 성장하는데 개체로서가 아니라 온 몸이 상호 연결되어 결합된 것처럼 성도가 각자의 직분에 따라 그 직무를 수행함으로 한 몸인 교회가 성장하게 된다는 것입니다.

이렇게 연합작전을 펼친 요압과 아비새의 전략은 승리를 가져왔습니다.

이와 같은 일치와 연합은 교회의 부흥과 평안과 승리를 가져옵니다.

여기서 우리가 주목할 말씀이 있습니다. 요압이 동생 아비새 장군에게 하는 12절의 말입니다.

"너는 담대하라
우리가 우리 백성과
우리 하나님의 성읍들을 위하여

담대히 하자
여호와께서 선히 여기시는 대로
행하시기를 원하노라."

이 구절에는 교회의 직분자들이 마음에 담아 둘 내용이 있습니다.

첫째는 "우리 백성을 위하여"라는 것입니다. 둘째는 "하나님의 성읍들을 위하여"라는 말입니다. 이것은 싸움의 목적입니다. 이 말은 오늘날 교회가 지향할 만고불변의 사역 핵심입니다.

그리고 확신과 용기백배의 이유가 뒤이어 기록되었습니다. "여호와께서 선히 여기시는 대로 행하시기를 원하노라."

와아! 정말 감동입니다. 얼마나 멋진 사나이들인지, 정말 멋쟁이들입니다.

여기의 '선히 여기시는대로 행하시기를 원하노라'의 원문은 '와이호와 야아세 핫토브 빼에나이우(וַיהוָה יַעֲשֶׂה הַטּוֹב בְּעֵינָיו)'인데 이것이 주목할 내용입니다. 히브리어는 보편적으로 주어가 동사 뒤에 나옵니다. 그런데 여기서는 주어 '와이흐와(여호와)'를 동사 '야아세', 즉 do 앞에 두고 있습니다. 이것은 행위의 주체가 되시는 하나님의 의지가 확고하다는 것을 요압이 믿음의 눈으로 보고 말했다는 것입니다.

'선히 여기시는대로'의 원문 '핫토브 빼에나이우(הַטּוֹב בְּעֵינָיו)'는 문자적으로 이해하면 '그의 눈에 좋은 것을'이라고 번역됩니다. 이것은 하나님은 지금 이 전쟁의 상황 전부를 보고 계시는데, 반드시 승리하게 하신다는 믿음으로 하나님이 보고 계시는 그대로 싸우자는 말입니다.

그렇습니다. 우리가 하나님의 교회에서 무슨 일을 하든지 이런 믿음의 자세가 필요합니다. 맞습니다. 하나님이 보시는 대로 되어집니다. 하나님이 나를 보실 때 좋게 보시면 나는 복을 받고 형통하며, 은혜로 여호와 닛시를 노래합니다. 그러나 하나님이 나를 보실 때 좋지 않게 보시면 그대로 되는 것입니다.

그 믿음을 가지고 우리가 헌신하고 봉사하는 것이 직무수행의 아름다움입니다. 항상 하나님 앞에서라는 신앙이 그래서 귀합니다. 그것은 '믿음'의 다른 표현입니다.

교회생활에서도 보이는 곳에서는 열심이지만 보이지 않는 곳에서는 그렇지 못한 경우들이 흔히 있습니다. 그러나 우리가 명심해야 할 것은 '중심을 보시는 하나님 앞에서'가 귀하다는 것입니다.

디모데 후서 2장에서는 이와 같은 직무수행에 있어 아주 중요한 메시지를 줍니다.

첫째는 그리스도의 좋은 병사의 자세입니다.

둘째는 경기장의 선수의 자세입니다.

셋째는 수고하는 농부의 자세입니다.

그리고 이 자세로 직무를 수행할 때 어떻게 해야 하는가를 15절에서 이렇게 말씀했습니다.

"너는 진리의 말씀을 옳게 분별하며
부끄러울 것이 없는 일꾼으로 인정된 자로
자신을 하나님 앞에 드리기를 힘쓰라."

이 자세로 전쟁에 임한 요압과 아비새가 출전하게 되었으니 어떤 상황이 전개되었겠습니까?

13절을 보니 요압과 그의 군대가 출전하자 아람 군대가 도망을 했습니다. 고용된 아람군대는 사실 군대가 아닙니다. 밥벌이 하러 나온 것입니다. 밥벌이 하러 온 사람들이 목숨을 걸고 싸울 리가 없습니다. 생명이 결딴나게 생겼는데 줄행랑을 안치는 것이 이상한 것입니다. 그러니 도망을 가는 것은 정상입니다.

14절을 보니 아람군대가 도망하는 것을 본 암몬 군대가 아비새 앞에서 또 도망을 갔습니다.

18절 이하에서 볼 수 있듯이 전쟁은 싱겁게 끝났고 이스라엘 군대가 아람의 병거 7백대, 마병 4만 명을 죽이고 군 사령관 소박을 죽임으로 일단락된 것입니다.

그리고 19절을 보면 아람은 그 후 이스라엘과 화친하고 그들을 섬기게 되며, 그 후로는 암몬 자손을 돕지 않았다고 기록하고 결론을 맺었습니다.

모든 것은 하나님의 손에 있습니다. 그러므로 하나님께서 하시면 다 됩니다. 욥기 42:2은 말합니다.

"주께서는 못 하실 일이 없사오며
무슨 계획이든지 못 이루실 것이 없는 줄 아오니"

누가복음 18:27입니다.

"이르시되 무릇 사람이 할 수 없는 것을
하나님은 하실 수 있느니라."

마가복음 9:23입니다.

"예수께서 이르시되
할 수 있거든이 무슨 말이냐
믿는 자에게는 능히 하지 못할 일이 없느니라."

자기에게 주어진 직분에 따라 충성스럽게 직무를 수행한 요압과 아비새는 다윗 왕이라는 지혜와 믿음이 있는 주군(主君)처럼 사명을 감당했습니다. 그리하여 나라가 태평하게 되고 백성들이 성대를 이루었습니다.

용장(勇將) 밑에는 약졸이 없고, 덕장(德將) 밑에는 배신자가 없으며, 지장(智將) 밑에는 잔꾀 부리는 사람이 없다는 말이 있습니다.

나라도 그렇고 교회도 그렇습니다.

우리 모두는 주님을 믿는 그리스도인으로서 약졸이 아닙니다. 배신자도 아닙니다. 잔꾀를 부리는 사람도 아닙니다. 그러므로 정말 신실한 그리스도의 군사로 오늘도 내일도 나에게 주어진 직무를 충실하게 수행하는 사람들이 되기를 예수님의 이름으로 축복합니다. 아멘!